SARA PALACIOS RAMOS
«WALEWSKA»

# RELAXING MUM (OF CAFÉ CON LECHE)

EDITORIAL BASE

Primera edición: marzo de 2017
© Sara Palacios Ramos «Walewska»
© de las características de esta edición:
EDITORIAL BASE
Calle Breda, 7-9 · 08029 Barcelona
www.editorialbase.com
Producción editorial:
Flor edicions, SL
Dirección:
Santiago Sobrequés Soriano
Coordinación editorial:
Agustí Sobrequés Sambola
ISBN: 978-84-17064-02-0
Depósito legal: B-6099-2017
Impreso en Limpergraf
Encuadernado en Rovira

*Dedicado a todas las madres del mundo. Las que son, las que fueron, las que serán. Cuando dudes, cuando lo pases mal en tu maternidad, piensa en esto que te digo: lo estás haciendo bien, eres la mejor madre posible para tus hijos y nunca dejes que nadie te haga creer lo contrario.*

# Introducción

Corría al año 2007 cuando abrí mi blog *Mamis y Bebés*. Un año antes había sido madre y me habían despedido de mi trabajo, lo segundo a consecuencia de lo primero (cosas que pasan en este país). Necesitaba mantener la cabeza despierta o corría el riesgo de mimetizarme con las plantas, así que hice lo más sensato en esta situación: obsesionarme con algo. Me dio por la puericultura y me dio fuerte. No soy yo una persona que haga las cosas a medias.

Me tomé la maternidad como si fuera una carrera universitaria, estudiándolo todo con precisión milimétrica. Mi hermana dice que la cantidad de datos estúpidos que puedo almacenar en mi cabeza es ilimitada y no puedo más que darle la razón. En aquella época podría haberos hablado de cualquier cacharro para niños horas y horas, algo que ciertamente no era para todos los públicos. La gente de mi alrededor es muy educada pero supongo que era como para mandarme a tomar viento fresco. Así que empecé a escribir sobre ello en alguna plataforma *on line* para encontrar a alguien a quien pudiera interesarle lo que tenía que decir.

Hasta que, de repente, amigas mías se quedaron embarazadas y ya no sólo no tenían miedo de que les soltara mi rollo sino que, valientes ellas, ¡incluso me preguntaban! Fue entonces cuando abrí mi blog, en una época en la que tener una bitácora todavía era algo exótico. Yo escribía y escribía y pasaron años hasta que descubrí que alguien lo estaba leyendo. ¡Y vaya si lo leían! Aún recuerdo mi emoción cuando en 2011 alcancé el primer millón de visitas (y lo sé porque tenía un espantoso contador de visitas que hoy casi sería una pieza *vintage*). Pensaba que la gente debía de estar loca o algo. ¿Qué hacían leyéndome a mí? A día de hoy sigue sorprendiéndome que a la gente le interese lo que tengo que decir y sigo mirando con incredulidad y agradecimiento los más de dos millones de visitantes anuales que tienen a bien pasar a leerme.

En diez años, todo ha cambiado mucho. Cuando empecé, la blogosfera maternal estaba en mantillas. Se hablaba mucho de las experiencias personales, se debatían modelos de crianza y los pocos blogs que existían ponían toda la carne en el asador. Nadie era muy consciente del poder que posteriormente iban a adquirir las bitácoras, las redes sociales, YouTube, los influencers… Quizás por eso aquellos blogs tenían mucha frescura, porque en el fondo, que te leyeran más o menos daba lo mismo. Algunas de las blogueras de aquellos años se fueron quedando por el camino, otras aprovecharon lo aprendido para fines profesionales y seguimos en contacto de otro modo, y otras siguen todavía al pie del cañón. Son (somos) las blogosaurias. Una amiga puso el grito en el cielo cuando le comenté que nos llamaban así porque debió de parecerle muy despectivo. Pero no lo es. Abrir un blog es algo muy sencillo, pero conseguir tener la suficiente fuerza de voluntad para mantenerlo activo (entendiendo por activo publicar un post cada menos de cuatro meses) es otro cantar. La mayoría de los blogs no llega a los dos años, la frontera de los cuatro años empieza a ser para los valientes y pasar de los cinco, seis, siete años parece una proeza. Soy blogosauria, sí, y el simple hecho de aguantar diez años publicando a diario es un mérito en sí mismo. El mérito de ser una pesada muy constante.

Por otra parte, estar diez años observando a las madres y tratando con ellas otorga una gran perspectiva. Lo primero de lo que tomas conciencia es de que todo pasa. Y relativizas. Hace unos años se discutía sobre si darle a tus hijos teta te hacía mejor madre que dar biberón, sobre si la crianza natural era mejor que la otra. Primaban los juegos educativos para los niños y los padres estábamos obsesionados por que aprendieran. ¡Vivan los juegos educativos, los juguetes electrónicos, el aprender jugando! Todo pasa. Ahora hay hipermadres, malas madres, y los adultos lo que queremos es que los niños disfruten y vivan la infancia sin tanto estrés. Son los juguetes de madera los que parten la pana. También, aunque nos parezca mentira, pasará. Las necesidades, los métodos de crianza, lo que está de moda y lo que no evoluciona y se adapta a las necesidades del momento. Lo que tenía una importancia altísima en un momento, más tarde se convierte en algo secundario. Es la vida.

La maternidad es algo que se presta a extremismos. Suena a lugar común, pero es algo que pone tu vida patas arriba, algo realmente animal. Cada uno criamos a nuestros hijos como pensamos que es mejor, y la simple idea de que alguien pueda cuestionarlo nos hace poner el grito en el cielo. ¡Que no nos hemos equivocado eligiendo la película para ir a ver al cine, que son nuestros hijos! ¡Carne de nuestra carne! Por eso las discusiones son siempre encarnizadas y es fácil que alguien se sienta ofendido en ciertos temas. Citando a la princesa del pueblo, por mi hija, ma-to.

Y así todo.

La experiencia es un grado. A veces me siento un poco Yoda aunque menos verde, un poco más alta y con alguna arruga menos, y me gustaría decirles a todas las madres (y también a los padres), en serio, esto también pasará. Aunque te parezca imposible. Lo que hoy se te hace un mundo mañana será mucho menos importante y una preocupación sustituirá a otra. Mi primera hija fue una niña muy fácil, pero mi segunda maternidad fue durísima al principio. Mi hija pequeña lloraba diez horas al día hiciera lo que hiciera y sólo quería estar en brazos, en MIS brazos, constantemente. Día y noche. Siempre he sido una persona bastante alegre pero en aquellos meses oscuros dudaba si tirarme yo por el balcón o tirarla a ella. Un día, de repente, me di cuenta de que ya no lloraba tanto y unos meses más tarde, de que ya no lloraba. Eso también pasó.

La maternidad es dura de un modo difícil de explicar. Cuando son bebés es dura de un modo incluso físico y luego evoluciona a algo más psicológico. Y tenemos dos opciones, tomárnoslo a la tremenda o reírnos. Yo opté por lo segundo y me río de mí misma, de las situaciones que veo, me río con mis hijas y trato de relativizar todo lo que puedo. No tiene especial mérito, cada uno es como es y las agonías simplemente no van conmigo. Hasta me río en el título de este libro. Decidí que yo era una relaxing mum porque todo me lo tomo con bastante tranquilidad y no me doy mal por casi nada... Y recordé lo que me había reído en aquella presentación de la candidatura de Madrid a los Juegos Olímpicos con el «relaxing cup of café con leche». Y todo encajó. Primero porque el café sólo lo tomo así, en taza, con mucha leche (y relaxing cup of cortado, of sol y sombra, of café con hielo seamos serios, no queda igual de bien) y segundo porque creí que los que leyeran este libro probablemente tengan niños y seguramente no tengan horas y horas para leer de un tirón. Ni probablemente para leer algo como el *Ulises* de Joyce. Así que este libro está formado por capítulos cortitos, para poder cogerlo y dejarlo, que podéis leer (si os dejan) cuando os tomáis un café medio tranquilas.

... O ese día que habéis podido darles esquinazo a todos y meteros en el baño solas. Cinco minutos. Tampoco aspiramos a más.

Éste no es un libro para madres con bebés. Hay muchas cosas universales en la maternidad y he preferido buscar ese lugar común en el que independientemente de los años que tengan nuestros hijos podemos sentirnos identificadas. En el libro hablo de la maternidad tal y como yo la veo, pero recuerda, si tú ves las cosas de otra manera, ¡no pasa nada, recuerda que soy muy relaxing! No hay fórmulas mágicas, ni verdades absolutas y sólo espero que te dé algo en que pensar y que te saque una sonrisa. Si consigo esto, prueba superada. ¡Vamos al lío!

# El reloj biológico se despierta

«El reloj es una bomba de tiempo, de más o menos tiempo».
Ramón Gómez de la Serna

Tú no creías que existiera el reloj biológico, ése que te hace ponerle ojitos a todos los niños que te cruzas y que te hace desear tener un bebé más que nada en el mundo. «Tonterías», pensabas, «seguro que es alguna invención, una conspiración maternal. No puede ser que de repente te den ganas de ponerte a procrear como una loca, ¡qué barbaridad!». Es cierto que hay gente que es inmune a su latido, pero en otros casos es cierto que de repente se despierta. Y lo hace de un día para otro, diciéndote que te mueres por tener un bebé, que el cuerpo te lo está pidiendo a gritos. Hasta el momento tu cuerpamen te había pedido cosas súper sensatas como que no te despertases antes de la hora de comer, que te pusieses ciega de helados o que viajases más que Willy Fogg. Pero, ¿un hijo? ¿Estamos locos o qué?

Problema: el reloj biológico va completamente por libre y no entiende de situaciones personales. Suena, en modo alarma de incendios, cuando menos te lo esperas. Y a veces no te viene nada bien. Pero nada, nada bien.

A veces te pilla sin pareja. Tú con unas ganas locas de reproducirte y no tienes a nadie al lado, ni tampoco en perspectiva.

Llevas años buscando tu media naranja (o la fruta que sea, que no estás para ponerte exquisita) y nada, que no aparece. Y ya no es por el amor, que también, sino ¡porque tú quieres tener un hijo! Te pones a echar cuentas: entre que lo encuentro y no, luego un tiempo prudencial para conocernos y que no me dé gato por liebre (que ya tengo mucha experiencia yo en esto de que me salgan los hombres rana), después le digo de tener un bebé, que no se me asuste o que «no esté en ese punto», lo intentamos, que acertemos... Madre-del-amor-hermoso, piensas para ti, ya puedo acertar a la primera con el novio (o novia) que si no las cuentas no salen ni de coña, que si no ya me veo presentándome en los bares en plan «hola, qué guapo eres, qué buenos genes debes tener, tengamos un hijo».

Supongo que esto es como todo: hay quien se agobia más y quien se agobia menos. Pero cuando estás echando un pulso con tu reloj biológico, sea el momento que sea, el tiempo parece ir completamente en contra de ti, el muy...

Y es que las mujeres somos como los yogures y tenemos fecha de caducidad. Muy triste. La naturaleza no le mete esa misma prisa loca a los hombres pero a nosotras nos tiene fritas. Es como una madre pesada repitiéndote mil y una veces que tienes-que-tener-un-hijo-tienes-que-tener-un-hijo-tienes-que-tener-un-hijo. Sólo que no la puedes mandar a paseo ni hacerla callar, que es lo que te apetecería. Por más que te tapes los oídos sigue ahí, taladrándote de manera persistente.

La biología y la economía tampoco van de la mano. Nos viene la regla de media a los doce años y medio, como recordatorio de que nuestro cuerpo está listo, ¿listo para qué? ¿para estudiar matemáticas, para viajar de mochileras, para convertirnos en campeonas de España de atletismo? Que la menstruación aparezca a esas edades es una reminiscencia de las épocas en las que la esperanza de vida era mucho menor y nos emparejábamos y reproducíamos antes. ¿Pero ahora? ¡A mí que me lo expliquen! Hay un claro desfase porque a esas edades, seamos serios, la regla sólo es un gran incordio. Algunas mujeres ni se enteran, pero otras sufren dolores, mareos, malestar y todo porque tienen el periodo, algo que no van a necesitar hasta dentro de diez, quince, veinte años, dentro de mucho en todo caso. Yo, sin ir más lejos. Me desmayé varias veces en BUP, perdí la cuenta de la gente que me llevó a casa cuando me bajaba estando en la universidad (gracias, desconocidos varios, por apiadaros de mí) y después de que la regla me incapacitara durante varios días acabé odiando los anuncios de me-gusta-ser-mujer-a-qué-huelen-las-cosas-que-no-huelen.

Nuestro esplendor sexual nos llega en la veintena. Hace unas décadas era el momento en que teníamos hijos. No se estudiaba tanto, no había la misma precariedad laboral. Que las madres tuvieran veintipocos años era lo habitual. Pero la mayor formación de las mujeres (actualmente es un hecho que hay más universitarias que universitarios), nuestra incorporación al mundo laboral, la crisis, la ruptura de modelos tradicionales han hecho que la independencia económica se consiga más tarde y la maternidad se retrase. Así que a los veinte tenemos un cuerpo perfectamente preparado para tener hijos... y unas condiciones económicas que no acompañan ni de coña. Subsistes casi a base de pasta y jamón de York porque con tu sueldo irrisorio no te da para más, vives en cuchitriles y pisos compartidos porque no te alcanza para vivir por tu cuenta y piensas que de un día para otro te pueden poner de patitas en la calle. ¡Yuju! ¡Dan ganas de preñarse en ese mismo momento, eh! ¡Viviendo al límite!

Y pasan los años y la cosa no es que mejore de una manera espectacular. Sigues sin tener una seguridad ni una estabilidad pero tu reloj biológico atrona y sabes (y si no lo sabes, deberías saberlo) que a partir de los 35 la cosa se nos pone cuesta arriba a las mujeres. Actualmente la edad media a la que las mujeres tienen su primer hijo ronda los 31 años, lo que deja muy poco margen para pensarte las cosas si quieres tener más de un bebé. Y es que los doctores especialistas en fertilidad lo pueden decir más alto pero no más claro: las posibilidades de tener un hijo a partir de los 35 se reducen espectacularmente y si pasamos de los 38 lo tenemos más clarinete todavía. Vivimos pensando que todo es ponerse, pero no es así. La biología nos lleva totalmente la contraria en esto.

Y luego está el hecho de que llegamos a la maternidad un poco hartas de la presión de la sociedad en general y de la gente que nos rodea en particular. Esa puñetera manía de andar atosigándonos: cuando estás soltera, que cuando te echas novio. Cuando te ennovias, que cuando te casas; cuando lo haces, que para cuando los niños, y cuando tienes al primero, que para cuando el segundo. Así, sin anestesia. La mayoría de las veces sonríes forzadamente y te escabulles en cuanto puedes pero a veces te gustaría gritarles que hagan el favor de dejarte en paz. ¡Que somos como los pandas y nos cuesta reproducirnos en cautividad!

Imaginemos un mundo en el que poder contestar lo primero que se te pasa por la cabeza a todos los que te atosigan:

—No me echo novio porque estoy en un momento de exploración de mi sexualidad y estoy intentando averiguar si me gustan los hombres o las mujeres tirándome a todo lo que se menea. Soy más del poliamor. Y del sexo. De mucho sexo. De sexo constantemente. ¿Me pasas la sal?

—No me caso porque no creo que tener un papel firmado sirva para querer más a mi pareja. Además me mato a trabajar y una boda cuesta un porrón. No me apetece subvencionar una juerga a los quinientos compromisos de mis padres. ¿A qué piso decías que ibas?

—No tengo hijos porque aunque me acuesto con mi marido siempre que puedo y nos hacemos mutuamente todo tipo de guarradas, resulta que no me quedo preñada. Si quiere la invito a usted a la próxima sesión y nos da consejos sobre cómo conseguirlo. También podemos hacer un crowfunding para mi inseminación, que vale un huevo. ¿Me cobra, por favor? ¡Gracias!

Sería bonito, ¿eh? Decir la primera burrada que se te pasa por la cabeza y acabar pestañeando con dulzura y con cara de no haber roto un plato en tu vida. Seguro que más de uno y más de dos dejarían de hacer preguntas tan íntimas. ¿No se dan cuenta de que son cosas muy personales y que no deberían ser carne de conversación de ascensor? ¡Que nosotras no les vamos preguntando sobre su vida sexual tan alegremente!

Y es que parece que todos tenemos licencia para preguntar y para opinar sobre todo. Especialmente sobre lo que no es asunto nuestro. «¿Para cuándo los hijos?» es una pregunta que se hace a la ligera y no se suele tener en cuenta todo lo que hay detrás. Una cosa es que con un poco de tacto y cuidado se pregunte a los amigos y otra cosa es que mientras decides si compras un cuarto de ternera o de pollo te lo descerraje a bocajarro una persona con la que apenas has cruzado dos palabras en tu vida. «No es asunto suyo», le contestarías. Pero no está bien visto dar respuestas directas a las preguntas impertinentes así que ¡la maleducada serías tú! Y es una pregunta que no se contesta con un simple «pues mira, lo tenía agendado para la semana que viene precisamente» sino que la respuesta suele ser compleja.

Por un lado están los que no quieren tener hijos en general. Que yo sepa, no es obligación de nadie reproducirse. A estas alturas de la película, existen métodos anticonceptivos variados y suficientes y si de verdad no quieres tenerlos no tienes por qué hacerlo. Los hijos se tienen porque se quiere y no porque toca ¡que no estamos en la Edad Media! ¡Nadie debería entrometerse en una decisión tan personal como ésta! Luego están los que «de momento, no». Y «no» porque económicamente o laboralmente no es un buen momento, porque se quiere disfrutar de estar sin los niños un poco más o simplemente porque te sale de la peineta. Hay mil y una razones y todas ellas son perfectamente válidas. Lamentablemente luego están los que quieren y no pueden, porque no hay nada más frustrante y más terrible que cuando tu reloj biológico te está pidiendo algo a gritos que luego el muy imbécil te lo niegue. Toda la vida poniendo medios para evitar el embarazo y cuando por fin te quieres poner a ello, resulta que no es tan fácil. A veces el universo se ríe de nosotros.

# ¿Y tú de quién eres?

«Ha debido heredarlo de mí».
Marjorie Houseman, madre de Baby, *Dirty Dancing*

Cuando te quedas embarazada te cuesta hacerte a la idea de que dentro de ti hay una vida creciendo. Ese momento en el que, ave Lucía, el *predictor* se pinta de rosa en el cuarto de baño, no sabes si reír, si llorar, si emocionarte, si morirte de la responsabilidad o qué. ¿Qué ha cambiado en tu cuerpo de cinco minutos a esa parte? Nada absolutamente y todo al mismo tiempo. No tienes tripa. Tienes las mismas náuseas, si es que las tenías antes. Te cuesta sentirte embarazada.

No quiero ni pensar lo que les tiene que costar a nuestras parejas hacerse a la idea de que vamos a tener un bebé. Tú al fin y al cabo notas los cambios físicamente, pero ellos tienen que hacer la de santo Tomás y creerse que eso que hay dentro de nuestra tripa es un bebé y no las consecuencias de una cena muy pesada. ¡Alguna ventaja tenían que tener esas fantabulosas patadas a nuestra vejiga y la sensación no de haber engendrado un hijo sino de habértelo comido! Sin embargo en el momento del test de embarazo estamos ambos igual. ¿De verdad estamos esperando un hijo? ¿De verdad de la buena? ¿Seguro que sí? ¿Me lo juras por Snoopy o por las bragas de Mafalda?

Conforme el embarazo avanza no te queda otra que asumir que sí, que vas a ser madre y, a veces, a juzgar por el ardor de estómago que tienes, posiblemente de dragones. El abdomen te ha crecido y te impide verte los pies. Tú no tenías antes esas tetas. ¡Vamos, ni de broma! ¡Pero si estás hecha una vaca suiza! Las náuseas que alguien muy mal informado decidió llamar matutinas y que tú no entiendes por qué ya que las tienes a todas horas. Tampoco se han ido, como te prometieron, en el primer trimestre. Así que sí, estás embarazada, no te cabe ninguna duda.

Fantasear sobre cómo será tu bebé es algo inevitable. Al fin y al cabo, el embarazo a veces más que nueve meses parece que dure nueve vidas de lo larguísimo que se hace. Y cuanto más tiempo libre tienes, más eterno. Si te han mandado reposo, tendrás muchísimo tiempo para darle a la cabeza en todos los sentidos. En esos momentos y mientras pierdes la juventud en la consulta de tu ginecólogo piensas en cómo será tu bebé y si te gustará. Suena cruel y desnaturalizado, pero tienes mucho miedo a que no te guste en absoluto.

La humanidad se divide entre aquellos a los que los recién nacidos les parecen muy monos y aquellos que opinan que son todos feos a rabiar. Por desgracia tú eres de las segundas y los clasificas entre feíllos, feos, muy feos y feos como un dolor. ¿Te va a parecer también tu hijo horroroso? Posiblemente. Mi madre cuenta que cuando yo nací era una bebé escandalosamente fea, de esas que no cabe ninguna duda de que son un espanto. Me sacaron con ventosa y tenía la cabeza apepinada, hacia un lado, y para más *inri* tenía el lagrimal cerrado. Daba gloria verme. Un cuadro. Mi abuela, que tampoco era el culmen de la diplomacia sólo repetía: «¿Se arreglará? ¡Decidme que se arreglará!». Y hombre, algo me arreglé. Un poco, al menos.

Cuando mis hijas nacieron, yo estaba preparada para que me parecieran feísimas pero, después de todo, la cosa no fue como yo esperaba. Para empezar, en lugar de llorar como hacen presuntamente todas las mujeres cuando dan a luz a mí me dio por lanzar besos al aire como si fuera una folklórica un día de concierto. Ni una lágrima, ni una sola. Luego me sentía culpable porque se supone que estamos programadas para que aquello sea lo más emocionante de nuestra vida pero nada, que no me salía. El cóctel de hormonas en mi caso me llenó de euforia. Y mis hijas, pues no me parecieron nada del otro mundo, pero como yo me había puesto en lo peor en el fondo me alegré de que no fueran la prima fea de Frankenstein. Sí, vale, soy una exagerada. Queredme como soy.

Uno de los temores secretos que tenemos las mujeres cuando estamos embarazadas es que nuestro hijo resulte ser igual a ese familiar que nos cae tremendamente mal, habitualmente de la familia política. Si pudieras escogerías lo mejor de cada casa: los dientes perfectos de tu madre, los ojazos de tu marido, la altura de tu cuñado, el porte de tu hermana... Y tu inteligencia preclara. ¡Hombre, claro! ¡Que una no es tonta! Pero esto no va así. Tú lo metes todo en el cóctel genético y sale lo que sale. Lo bueno y lo malo. A veces estás tan cegada de amor que sólo puedes ver las cosas buenas, pero no, la cara B de la genética está ahí. Tus pies gigantes a lo Bigfoot, la costumbre que tiene tu marido de hacer ruido al masticar que te pone de los nervios, que todo le apriete o le haga rozadura como a su abuela, la tendencia a quedarse calvo de tu suegro...

Cuando das a luz la gente tarda cero coma en ponerse a buscar parecidos. Que si tiene los ojos del tío Julián (ése al que no has visto nunca), la expresión de tu tía abuela o la boca igual que tu cuñada, a la que quieres mucho pero que por sangre no le toca nada. Lo cierto es que si somos sinceros nuestros recién nacidos a los que más se parecen es los de la habitación de al lado. Lo siento por las madres que opinan que han dado a luz al bebé más precioso del mundo pero la realidad es que todos los recién nacidos se parecen, en general, bastante entre sí. ¡Mala suerte!

Además, los niños cambian muchísimo. Hoy se dan un aire a tu marido y pasado mañana pueden ser iguales que tu padre. A saber. En todo caso, es tremendo como cada familia trata de arrimar el ascua a su sardina. Para tus padres es igual que tú sin ninguna duda y tu suegra proclamará a todo el que quiera oírla que claramente es su vivo retrato, el de cuando ella tenía seis años y tú, por supuesto, no la conocías. En fin, una pesadez porque aquello se convierte en una competición. ¡Parece que si no se te parece es como si hubieses perdido! Aunque, en honor a la verdad, en el caso de las madres a veces es doloroso que después de haber pasado un embarazo terrible luego resulte que no tenga nada de ti. Al menos aparentemente.

En la lotería genética, al final, cómo sean físicamente tus hijos te acaba por dar igual. Tú ya los quieres incondicionalmente y pasado un tiempo te da igual que tengan los ojos de quien sea, si te tienen loca de amor. No podrías imaginar a tu hijo con otra cara, con otro culete, con otros bracitos regordetes. Con los años te darás cuenta de que la cosa de los parecidos va por otros derroteros.

Yo en casa lo tengo clarísimo: si es un virtud lo ha heredado de mí y si es un defecto de mi marido. Esto es así, y punto. A mis hijas cuando las felicitan son mías, pero cuando se portan regular entonces le digo a mi marido: «¿Pero has visto lo que ha hecho TU hija?».

Es muy bonito cuando tus hijos heredan esas cosas que te gustan de ti, aquello de lo que te sientes orgullosa. Nada como mirarnos en ese espejo que son nuestros hijos y vernos guapas, divinas y maravillosas. La realidad es otra. Son un espejo, pero de los de aumento, de esos que utilizas para quitarte el inoportuno pelo que te sale en el entrecejo o ese que hace que el grano que te salió esta mañana por estrés parezca descomunal. Ese espejo que nos incomoda, no el que nos da lustre. Una vez una amiga me contó que iban un día en el coche ella, su marido y sus dos hijos cuando los pequeños comenzaron a imitar a los padres. «Muchas risas hasta que me di cuenta de que éramos tal cual. Esos momentos en los que perdemos la paciencia. Las frases hechas. Lo previsibles que son nuestras reacciones ¡Hasta la manera de hablar!».

Es complicado verse desde fuera, sobre todo en nuestras partes más insufribles. Mis hijas me sacan de mis casillas especialmente en cosas en las que sé positivamente que es a mí a quien se parecen. Cuando me enfrento al *sabelotodismo* de mi hija y a su falta de paciencia me subo por las paredes. «¡Pero si es igual que tú», me dicen mis amigas. Y ya. Pero es que yo soy yo y mi hija es mi hija. Aunque nada tenga mucho sentido.

# El lenguaje de la maternidad

«Entra un vasco en una tienda de animales
y pregunta al dependiente:
—¿Es cara la cacatúa?
—Lo siento, no hablamos vasco».
Popular

Una de las primeras cosas que descubres cuando vas a ser madre es que el mundo maternal tiene una jerga que tú desconoces por completo. Da igual que seas una persona leída o no, asume que si quedas con una amiga que tiene un bebé cuando estás embarazada es muy probable que no entiendas mucho de lo que te dice.

—¿Y ya habéis empezado a comprar las cosas para el bebé? —te pregunta con mucho interés.

—Pues eso te quería preguntar ¡es que no sé por dónde empezar!

—Mmmm, para dormir los primeros meses necesitaréis una minicuna que tendréis que pensar si mejor de colecho o no. Mejor eso que un moisés. Si no quieres comprar una, también tienes la opción de comprar un reductor para la cuna porque si no es demasiado grande y no se terminan de sentir cómodos.

Vale. Ya te has perdido ¿Cuna, minicuna, moisés? ¿Qué diablos es eso del colecho? ¿No era un delito? ¡Ay, no, que eso es cohecho! ¿Un reductor? ¿Y eso cómo va?

Pues así con todo. Que si el carrito de bebé, que no es lo mismo que la silla de paseo, de segunda edad o ligera (porque ni siquiera en todos los sitios se dice igual). El capazo. La *maxicosi* (que por cierto, es una marca y no un producto). La silla de seguridad para el automóvil. La bañera, de tijera o en mueble. Hamaca, cojín de lactancia, esterilizador… ¡Bum! ¡Lo raro es que la cabeza no nos explote con tanta información!

Y es que sobre todo al principio tienes la sensación de que te están hablando directamente en otro idioma. ¿Chino mandarín? ¿Ruso? ¿Zulú? Inglés no es, que de eso algo entiendes. ¿Cómo puede ser que con la pila de años que tienes no hayas oído en toda tu vida semejantes palabras? La cosa es que si no ha habido previamente niños en tu familia, como fue mi caso, de chismes de puericultura no era algo de lo que se hablara los domingos de comida familiar. No nos poníamos a debatir si mejor un carrito así o asá; hablábamos de si mejor paella o fideuá, si es una locura hacer asado en verano y, con los amigos, de si quedábamos a las once de la noche o a las doce y en qué sitio. Así de raros somos.

Las cosas se van abordando según vienen, que es lo suyo y ante esto sólo hay dos opciones: ir a un sitio, que te cuenten lo que vas a necesitar y a otra cosa mariposa —lo que viene siendo un estilo relajado— o mutar en madre naturaleza y volverte absolutamente loca. Esa fui yo, definitivamente. No sé si es por una cuestión del síndrome del nido. Normalmente éste hace que te pongas a limpiar y a ordenar como si no hubiese un mañana cuando se aproxima el parto, aunque a ti de normal te den un poco de urticaria las tareas de casa. Quizás es porque de algún modo tenemos que exteriorizar la preocupación que nos entra por si sabremos cuidar bien de nuestros hijos (y se nos va la mano) o si simplemente es porque un embarazo se hace eterno. Si se te ha complicado la cosa, el reposo y el aburrimiento hacen de cóctel Molotov y no hay nada peor que tener mucho tiempo para pensar. Posiblemente sea una mezcla de las tres y de tu carácter personal. Lo único que nos diferencia a los que lo dejan todo para el final y los que tenemos que tenerlo todo atado y bien atado es en qué momento del proceso nos agobiamos, si al principio o al final.

Una de las cosas que sucede es que muchas veces tienes la sensación de que te están timando. ¿La tienda me lo está recomendando porque es lo que vende o porque cree en ello? Y además, ¿a quién haces caso, a la amiga que lo recomienda vivamente porque por su carrito ma-ta o a la que te dice que ése ni de coña, que mejor el de más allá? Y es que de lo que no somos conscientes es que realmente no existe nada que sea «lo mejor» en abstracto, como en todo en esta vida. ¿Es mejor este coche o el de al lado? ¿Este libro o el otro? Casi todo es relativo. ¿Es mejor Bach o King África? Pon el primero en una verbena de pueblo y me cuentas. Si pretendemos tener «lo mejor», así en abstracto, lo llevamos clarinete.

Lo de la maternidad es como cuando uno comienza un trabajo nuevo en un sector con un lenguaje muy específico. Los primeros meses te los pegas asintiendo, poniendo cara de póker y diciendo «ajá» cuando te sueltan una cosa mientras por dentro piensas «alarma, alarma ¿de qué carajo estará hablando?». Pero llega un momento en el que por fin consigues hacerte con la jerga y entonces sí, te desatas y comienzas a hablar a todo el mundo con acrónimos y palabros en otros idiomas dando por hecho que te están entendiendo. Y no. La mayoría de la gente está como estabas tú hace un tiempo, completamente pez.

Visto desde fuera puede resultar muy cómico ver cómo nos partimos el pecho defendiendo nuestra opción (teta o biberón, Estivill o Carlos González, portear o no portear, usar sillas de retención en los coches a contramarcha o mirando al frente). La gente no tiene ni la más remota idea de por qué para nosotros es tan importante. Y lo es porque es nuestro día a día, porque nuestras decisiones suelen estar muy meditadas y porque no solemos hacerlo a la ligera.

No sólo hablamos raro cuando tenemos un bebé en casa. Llega un momento en que tus bebés son pequeños hombrecitos y mujercitas y ya no tienes tanta necesidad de cacharrerío. Pero tu forma de hablar nunca vuelve a ser la misma. Has mutado en madre y por alguna extraña razón a todas nos sale decir las mismas cosas, esas que cuando eras sólo hija te sacaban de quicio.

## Top-10 de frases de madre (ésas sin las que una madre no es madre)

1. Te creerás que soy el Banco de España (variantes: Endesa / Iberdrola / Cualquier empresa de telefonía...).
2. Esto no es una pensión (pero nosotras bien que vamos a por los *tuppers* a casa de nuestra madre).
3. Ni ipad ni ipod (las madres seguimos cambiando el género de las palabras, pero, ¡eh!, somos tecnológicas ahora).
4. Si no tienes hambre para comer verdura, para el postre tampoco (las madres no creemos en la teoría del estómago para el postre, o al menos que éste se desarrolla más tarde).
5. Y si tus amigos se tiran por un puente, ¿tú también? (la respuesta es sí).
6. ¿Qué te piensas, que soy tu criada? (la respuesta es, otra vez, sí).
7. Hija, qué mal buscas. Seguro que voy yo y lo encuentro (y claro que lo encuentras porque tú miras de verdad).
8. ¿Qué hay para comer? Comida (Obvio. Pero cuando te lo preguntan constantemente al final te hartas, que no eres Arzak).
9. ¿Podríais intentar salir de casa un poco limpias? (En mi caso, les insto a mancharse una vez que hayan salido de la puerta de casa, cuando ya no tenga solución).
10. Así es la vida, hija (porque sí, a veces la vida es muy dura, pero es lo que hay. No me cuentes más dramas del primer mundo, gracias).

No sé por qué decimos las frases de madre. Tal vez no lo podamos remediar, tal vez estén en nuestro ADN, cosidas a *petit-point*. El caso es que aunque algunas se vayan adaptando a los nuevos tiempos, aunque intentes luchar contra ellas, al final descubres que todo esfuerzo es vano y como van a salir igual, es mejor relajarse y disfrutar. Que total, la vida son cuatro días y antes de que te descuides estarán diciéndoselo ellos a sus propios hijos. Que ése es el ciclo de la vida y no el que nos vendían en el Rey León.

# ¿Y qué nombre le pongo?

«—Soy Aragorn, hijo de Arathorn, heredero de Isildur señor de los Dunedain, heredero del trono de Gondor, apodado Trancos, capitán de los montaraces.
—¿El hijo de la Paqui?
—Sí, el pequeño».
Visto en las redes sociales

Cuando yo era pequeña decidí que yo sólo quería tener hijas. No creáis que lo digo por *postureo*: dos días antes de la ecografía en la que me decían el sexo de mi bebé caí en la cuenta de que existía a posibilidad de que fuera niño ¡y yo no estaba preparada para ello en absoluto! Lo mejor era que ni se me había pasado por la cabeza que mis deseos no valían para nada y que el sexo de mi descendencia sería fruto del azar, el resultado de la carrera de un cabezón por mi sistema reproductivo. A veces confesar que tienes preferencia por un sexo u otro puede suponer que te ganes alguna que otra mirada desaprobadora. Parece que nos graben a fuego en la mente que sólo podemos decir «Lo que sea, pero que venga bien», que es lo políticamente correcto, cuando yo personalmente creo que no pasa nada por tener preferencias. No es ningún delito, que yo sepa. Nuestros hijos no nos lo van a tener en cuenta. «Que venga bien». ¡Nos han fastidiado! ¡Claro que queremos que venga bien! ¡Los que quieren niño, los que quieren niña y los que quieren dinosaurio! No conozco a nadie que diga «Quiero un bebé con dos cabezas, verde y con tentáculos en vez de pies». Pues mira, va a ser que no. Queremos un bebé sano y lo mismo que si tenemos un hijo del sexo que *a priori* nos apetecía menos si no es así pues lo queremos igualmente. No es lo mismo tener que elegir entre un niño o niña hipotéticos que entre una Teodosia o Arsenio reales. En este caso seguro que nos aferramos a nuestro hijo sea del sexo que sea, como las mujeres de los años 80 a su marca favorita en los anuncios de detergente.

Nos pasamos la vida eligiendo cosas, expresando preferencias. ¿Carne o pescado? ¿Barça o Madrid? ¿Bimba o Lola? Yo no sólo me contentaba con elegir sexo de mi futurísima descendencia sino que les ponía nombres. Pasé por etapas y echar la vista atrás me da vergüencita porque ¡hay que ver qué hortera era! Tuve un momento de fascinación por los nombres extranjeros influida sin duda por los libros de Enid Blyton que leía. Tenía mucho más glamour, donde va a parar, llamar a alguien Mildred (sí, en serio, a mi yo de ocho años le gustaba ese nombre) que, digamos, Marta. Luego me gustaron los nombres rebuscados, cuanto más largos y con letras inútiles mejor. ¿Para qué vas a escribir María pudiendo escribir Marhya? Después pasé por el minimalismo, más tarde por los nombres históricos… Y total, para que esta decisión tenga que ser consensuada. A tomar viento años soñando con ponerle un nombre u otro porque llega la parte contratante de la primera parte, o sea, tu pareja, y lo echa todo por tierra.

Yo creo que no nos casamos por los papeles, por la fiesta, por la ceremonia, por el banquete, por amor o por cualquier otro motivo. Nos casamos porque tenemos que ir haciendo callo en esto de decidir cosas juntos, ni más ni menos. Que tú (un decir) has soñado con una boda minimalista, con fugarte a Las Vegas, con casarte por la Iglesia, por el juzgado o por el rito zulú y llega el de al lado y te dice que ni hablar, que él quiere… ¡justo lo contrario! Así que tienes que limar asperezas, ceder, hacer transacciones para llegar a buen puerto. O seguir viviendo juntos sin más y hacer la de Escarlata O'Hara: ya lo pensaré mañana y ya nos casaremos cuando sea (o no).

Haber pasado por un bodorrio antes es un test para esto de tomar decisiones en plan equipo. Si tienes a tus hijos cuando la boda todavía está en vuestras retinas (y presupuestos, si me apuras), lo de ponerse de acuerdo para poner nombre a las criaturas te pilla al menos entrenada.

Los hay que lo tienen claro, clarinete desde hace tiempo. Recaredo, como el abuelo. Faustina, como la abuela. Si a tu binomio le viene bien, pues ya está, nada de dramas, ya tenéis nombre. El problema es cuando los dos tienen un nombre clarísimo y sólo hay un bebé, o, lo que es peor, cuando lo que uno y otro prefieren es directamente incompatible.

## Situación 1

—¿Y qué nombre le ponemos?

—Yo había pensado llamarle Eustaquio, como yo, como mi padre, como mi abuelo…

—Vale, vale, ya me quedó claro que en los tiempos del Cid hubo un Eustaquio de tu familia. Pero es que yo quería ponerle Wamba, como mi padre, mi abuelo, mi bisabuelo…

—Yo me lo pedí antes.

—Mira, que esto no es el colegio y no gana el que primero lo dice.

—¿Y si le ponemos Eustaquio Wamba?

—Que sea Wamba Eustaquio y trato hecho.

## Situación 2

—¿Y qué nombre le ponemos?

—Yo había pensado llamarle Eustaquio, como yo, como mi padre…

—NI MUERTA.

—Pero es que es la ilusión de mi vida.

—Por encima de mi cadáver.

—Pero…

—Que no, que ni de coña.

Y es que tú puedes querer mucho al de al lado pero que tu gusto en cuestión de nombres se parezca tanto como el de un huevo a una castaña. Y anda, lidia con ello, apáñatelas para ponerte de acuerdo.

## Modos de ponerse de acuerdo

- Antes de saber el sexo del bebé, si es niño elige uno y si es niña elige el otro.
- Uno le pone el nombre al primer bebé y el otro se lo pondrá al segundo.
- Uno de los dos hace una lista y el otro elige de los que hay ahí.
- Uno de los dos propone y el otro veta.
- Una vez que se tienen más o menos claras las opciones se sortea.
- Se lo ponen los hermanos si son un poco mayores.
- Gana el que consigue hartar a su pareja.

Aunque he de reconocer que mi favorita es la forma en que mi amiga Cristina le puso el nombre a sus hijas: dejándole un par de opciones a la matrona que la atendió en cada uno de sus partos para que eligiera. Ella dice que les fue bien con su primera hija y que luego pues ya casi se convirtió en tradición familiar. Muy fan.

Lo que nunca, *never*, *jamais*, *nidekoñen* hay que hacer, por una cuestión de salud mental, sobre todo, es someterlo al escrutinio popular. No hay nombres que le gusten a todo el mundo, hay que grabárselo a fuego: el gusto es algo muy subjetivo y lo que a algunos les parece la pera limonera para otros es el horror de los horrores. Una vez leí que la moda en cuestión de nombres es pendular y que a una temporada en la que se llevan los nombres más modernos sucede una en la que se recuperan nombres más tradicionales. Por eso es complicado que nos gusten, como generación, los mismos nombres que a nuestros padres: cuando a ellos les tocó poner nombres a su descendencia era justo lo contrario de lo que es hoy. Y ya ni hablamos de cuando hay varios países a considerar. Amigas con familia francesa tenían que evitar a toda costa nombres que tuviesen «r» por ser impronunciable para sus familiares. Otras, que vivían en el extranjero, tenían que buscar algo que no supusiera un hándicap en la vida de sus hijos y tener que estar dando explicaciones de por vida. Pero lo que más me sorprendió fueron las dificultades que tuvo mi amiga María, que tenía que lidiar con los gustos de la familia latina de su marido. Ella me decía que a pesar de tener un idioma común, no tenía nada que ver lo que se llevaba en el país de su familia política. En el momento en que nacieron sus hijos lo que se llevaba allí eran los nombres largos y rebuscados, con un cierto toque rancio para los españoles, incluso muy pasados de moda. Por el contrario, todos los que ella proponía les parecían de una simplicidad aburridísima (y un toque así como pueblerino..., que era lo que opinaba ella de las propuestas que le hacían, por otro lado). Si además le sumamos que por aquel entonces ella vivía en una isla anglófona del Caribe y que tenía que ser pronunciable en su país de residencia me hago cruces de cómo consiguieron que sus hijos se llamasen de alguna manera.

Si preguntas a la familia qué nombre poner a tu bebé te puede pasar que te propongan nombres que a ti te parecen espantosos. (¿Y por qué María? A mí lo que me gusta es Sheyla Samantha del Monte Carmelo), que haya división de opiniones y se líe más o directamente pase como en las redes sociales: que te salga un trol, que son estos típicos graciosos que se dedican a sabotearlo todo, incluyendo tus propuestas:

—Hemos pensado ponerle Teresa.

—Teresa, me la pone tiesa. —Así, de inmediato, sin pensar.

—¡No me fastidies! —dices con cara de horror, pensando en tu hija y su futuro de actriz porno—. ¿Qué te parece Sofía?

—La llamarán Sofea, pobrecita.

—¿Mari Mar?

—Tenía una novia que se llamaba así y era idiota, ¿no te acuerdas? ¡Sí, mujer! ¡Si te caía fatal!

—... Me rindo.

Mejor presentar una política de hechos consumados. Total, le pongas el que le pongas con quince años te dirá que vaya nombre más feo elegisteis para él. Pequeños ingratos.

# Problemas de movilidad

«—Oiga, señor guardia, ¿y los de mi pueblo cuando pasamos, pues?
—¡Cuando esté verde!
—¿Verde? ¡Negro es lo que estoy de verle a usted!».
*Paco* Martínez Soria, *La ciudad no es para mí*

Una de las primeras cosas de las que te percatas cuando tienes hijos es que la ciudad, definitivamente, no está pensada para vosotros. De ninguna de las maneras: bordillos, resaltes, inexistentes pasos de peatones, puertas que tienes que abrir… ¡Un infierno! La pena es que no eres consciente hasta que te toca y eso te hace pensar en las personas con discapacidades que tienen que pelear con ello a diario. Porque tú, al fin y al cabo, estás ahí de paso, con problemas temporales nada más.

Éstos comienzan incluso antes de salir de casa. Resulta que te preparas para salir por primera vez, con tu hijo recién estrenado, nuevo, sin haberle quitado el precinto, y lo primero que sucede es que el carrito que tú amorosamente elegiste después de leer la opinión de un montón de blogueras y madres no te cabe en el ascensor.

Para ser más justo, en realidad, cuando consigues salir de casa han pasado muchos minutos desde que lo pensaste inicialmente. Lo primero primerísimo que ocurre es que te preparas para salir de casa y entonces coges un montón de cosas «por si acaso», una mantita por si refresca, botellín de agua por si tienes sed, pañales y toallitas como si las regalaran, viandas para sobrevivir tres meses en el Himalaya, mudas, cinta americana por si se te rompe el carro, un taladro eléctrico por si se aflojan los tornillos... Lo normal, vamos. Coges todo eso y cuando vas a salir entonces te vomita encima, de repente le entra un hambre voraz, se caga hasta la bandera... En fin, que cuando por fin consigues estar preparada de verdad ha pasado una hora. Da igual lo puntual que hubieses sido en tu vida anterior, cuando tienes un bebé te vuelves del equipo sin presión aunque sólo sea por supervivencia.

Pues eso, que sales de casa y la primera en la frente: tú creías que el carrito cabía en el ascensor, pero no. Al menos no de una manera cómoda. Tienes que hacer malabarismos para meter el carro, girarlo, que no choque la bolsa con la infinidad de cosas que necesitas, bajar el manillar para que ocupe menos sitio y meter tripa para incrustarte en el hueco que queda. Todo muy cómodo. Respirar es opcional.

Primero te topas con un bordillo. «Vale, esto tengo que saber hacerlo, no hará falta ser ingeniera» piensas para ti. ¡Boing! Bajas el carro y tu churumbel bota tanto que casi toca la capota del carrito. «Mierda. ¿No se suponía que esto tenía buenos amortiguadores?». Y los tiene, lo único que no hace es milagros. Unas escaleras. La cosa se complica. ¿Y esto cómo se hará? Te pones de frente e intentas hacer que el carro baje delante de ti y te encuentras con tu carrito un escalón más abajo y tú en una postura muy a lo Chiquito de la Calzada con el espinazo doblado. Comorrrr, ¡va a ser que así no es! ¿Pero cómo te giras? ¡Socorro! Un poco más adelante tienen una cuesta y dices, bien, aquí no tengo que preocuparme. ¡Mec! ¡Error! Resulta que era una cuesta para quedar bien y tiene más inclinación que un puerto de primera categoría del Tour de Francia. Si la tienes que subir, prepárate para hacer fuerza y si lo que hay es que bajarla ojo cuidado no acabes emulando la película de Spielberg *El diablo sobre ruedas*, esa que iba de un camión desbocado. Pues lo mismo, pero versión carrito de bebé.

Los centros comerciales son una pesadilla para los carritos. Por las escaleras mecánicas mejor no, que es peligroso, vale, pero ¿y los ascensores? Tienes dos opciones para elegir, una, el ascensor rápido, ese que está escondido como si formara parte de una instalación protegida del gobierno, o el ascensor con vistas, el bonito, transparente, panorámico... y que va a uno por hora. Se dice que los *hipsters* nacieron cuando personas normales quisieron coger un ascensor de esos y entre que llegaba y les dejaba en la planta correspondiente les salió la barba.

A favor de los centros comerciales: que los establecimientos no tienen puertas. Cuando vas con carro descubres el inventazo que son las puertas automáticas que se abren como las aguas al paso de Moisés. Pero esas otras que hay que empujar, y si tienen dos hojas ya ni os cuento, son el infierno. Cuando hay que hacerlo hacia dentro tienes la tentación de abrirlas como en los hospitales, con el chasis de tu carro (y gritando ¡hay una emergencia, hay una emergencia!), pero no cuela. Si hay que abrirlas hacia afuera no veas la de movimientos raros que hay que hacer para lograrlo. Por mucho menos te daban premios en el *Candy Crush*.

En esto de los paseos con niños hay dos equipos, los de calle pura y dura y los que se tiran al centro comercial como si no hubiera un mañana. Y creo que es como lo de los equipos de fútbol, no lo eliges y además es difícil cambiar. Yo, pese a todo, soy de las segundas. Y es que como digo, las ciudades no están preparadas para los carritos. Esas aceras diminutas en las que de repente aparcan una moto en medio que tienes que sortear, las terrazas por doquier, coches aparcados de cualquier manera... Tiene más encanto, pero es menos práctico. En un centro comercial, tú puedes dejar a tu Alejandro y a tu Lucía que corran libres como el viento porque lo único que puede atropellarlos es el pelotón de abuelos que corren a coger sitio en los bancos cuando se queda uno libre. Tiene sus propios peligros, tampoco os lo voy a negar. Cada vez que un niño pasa junto a las atracciones que (los muy...) han puesto en el centro del pasillo tiene que o bien pararse, o bien discutir por montarse. No hay otra. Y ya no es por el dinero porque por cada niño que echa moneda veinte se suben en parado, sino porque tú aspiras a llegar a tu casa a una hora razonable y sin haber tenido que tirar demasiado de tus hijos.

Conforme tus hijos crecen, las complicaciones varían. Suelen pasar de las atracciones pero las tiendas de chuches, las heladerías, etc., les atraen como miel a las moscas. Intentan abrirse la cabeza corriendo como Forrest Gump, se lanzan en plancha hacia las escaleras mecánicas... Vamos, que tú pensabas que a ciertas edades era todo mucho más fácil pero descubres que más rápido quizás, pero sin duda no más fácil. Cuando son más mayores, te argumentan, te chantajean, hacen de poli bueno y de poli malo..., vamos, lo mismo que tú, pero además, ya no tienes la opción de dar la discusión por zanjada sentándolos en el carrito. Que ahí se da otra paradoja: cuando eran pequeños no querían ir en él y cuando son mayores matarían por poder hacerlo.

Los carritos tienen una gran ventaja y es que son comodísimos para llevar cosas. Primero eres tú la que los carga a tope, pero luego son los niños los que se acostumbran a salir de casa con tantas cosas que necesitarían alforjas: muñecos con los que no van a jugar, dibujos que no van a pintar y todo tipo de cachivaches varios. Mientras llevas carro, tira que te va, porque todo lo echas ahí confiando en que lo del peso máximo recomendado sea aproximado; estás convencida de que si fuera un avión fijo que te hacen pagar por exceso de equipaje. Pero cuando vas ahí, a las bravas como una valiente con los niños a pelo, cada gramo de más lo acusas y te entra complejo de sherpa. A partir de ese momento, empiezas a preguntarte por qué todo el mundo flipa con Hillary, que fue el primero en ascender el Everest, cuando resulta que su sherpa Tensing lo hizo además llevando los bártulos.

¿Y cuando coges el automóvil? Primero tienes que dejar a tu churumbel en la silla del coche. Despacio, que no se despierte. Yo trataba a mis hijas como si fueran huevos de Fabergé, tan delicadas como valiosas. Tú en el hospital veías a las matronas como cogían a tu peque sin absolutamente ningún miramiento y cruzabas miradas de horror con tu pareja pensando: «La van a romper. LA-VAN-A-ROM-PER. ¡Que me la rompen, con lo que me ha costado!». Cuando eres madre primeriza todavía estás en un punto en el que crees que cualquier movimiento brusco descoyunta a tu heredera. Pobrecita de ti. Dentro de nada descubrirás que la que te va a descoyuntar es ella a ti, ahí, tan diminuta como la ves y las cosas tan claras como las tiene. Una vez que has depositado el paquetito en su sitio tienes que atarlo. Y tampoco es nada fácil. Los arneses, un follón, y eso que tuviste la previsión de poner la silla en el coche con tranquilidad antes de dar a luz porque te gusta vivir al límite, pero no tanto.

¡Y luego tienes que plegar el carrito! En la tienda parecía fácil: la persona que te lo vendió lo hizo con una mano en menos de medio segundo. Tú probaste y ciertamente era sencillo. Pero es que en la tienda todo es facilísimo. En tu garaje la cosa sube de nivel como en los videojuegos. Por un lado temes que tu heredera se despierte y se ponga a berrear como si no hubiese un mañana. Por otro, el carro va lleno de cosas colgando, tú estás atacada de los nervios y en los garajes tampoco es que haya una luz maravillosa. ¿Pero qué coj...? Observas tu carrito hecho un siete, y desde luego cualquier parecido a como se suponía que tenía que quedar es puritita coincidencia. Te encoges de hombros y piensas que «para algo tenía que servir tener un monovolumen». En serio, los padres nos compramos coches familiares para poder meter el carrito sin plegar cuando ya no tenemos más opciones. Triste pero cierto.

Por contra, el día en que consigues liberarte del carrito y vas en transporte público sin él tienes casi un orgasmo de la emoción. Meterse en el metro con un cochecito sólo es algo apto para Indianas Jones de la vida. El que llega al andén es un valiente porque entre los larguísimos pasillos, las puertecitas junto a los tornos y esas terribles y empinadas escaleras que hay por doquier cuando consigues llegar a tu objetivo ya estás exhausta y eso que acabas de empezar. Y en los autobuses tampoco mejora la cosa porque suele estar limitado el número de carritos que pueden subir, en la mitad no funcionan las plataformas y tienes que hacer *trekking* para subirlos con el señor conductor mirándote la mitad de las veces furioso... En fin, que cuando vas sólo con tus niños y sin más historias es cuando por fin puedes decir: «Ahora la ciudad sí es para mí».

# Problemas de compatibilidad

«Una habitación caótica es el reflejo de una mente caótica».
Marie Kondo, *La magia del orden*

Todos en nuestra vida antes de tener hijos (A.D.T.H.) vamos así, a lo loco, sin pensar demasiado en un montón de cosas. Decoramos pensando en si va a quedar como nos gusta o no, si podemos permitírnoslo, si nos combina una cosa con otra... vamos, lo que tú crees que es lo normal. Cuando sales a la calle paseas por donde te pilla y a la hora que te apetece. Si tienes que cruzar, el semáforo está lejos o no se ve un coche en tres kilómetros a la redonda a veces pasas sin más. Pero tienes hijos y te das cuenta de que con estas actitudes estás viviendo por encima de tus posibilidades: Todo es peligro potencial. Todo está educando a tu peque. Todo ha de ser pensado previamente ¡maldita sea!

Al principio no te das cuenta: gorjeas como un pajarito cuando comienzas a montar la habitación para tu bebé. Si te gusta la decoración (y si no, también) esta tarea es un placer. Pintas el dormitorio, compras cunas, muebles y accesorios porque tú, que todavía vienes de un mundo sin mirada de madre, quieres que quede lo más bonito posible. Y es que además las cosas de bebés son cuquis por defecto. El mundo es terriblemente injusto: hay cosas que son feas por definición, como los artículos de ortopedia, que son prácticos y útiles, pero bonitos no son, o como los sujetadores reductores que hacen que te sientas tu bisabuela en un segundo por muy cómodos que sean. En cambio en el mundo bebé todo es adorable. Las ropitas, diminutas, como las de tus muñecos, las lámparas quitamiedos con nubes que te sonríen, las mantitas con triangulitos y los peluches deliciosos. Lo que viene siendo el tipo de cosas que te empuja a hablar con diminutivos, como hacen los cocineros que no cocinan gambas, pollo o verduras como la gente normal, sino gambitas, pollito y verduritas. Una trampa.

Mientras estás embarazada lo preparas todo con una ilusión tremenda y lo dejas todo impoluto esperando a su futuro ocupante. Pero en cuanto tienes a tu bebé te das cuenta de que tu plan para ser la madre más cuqui del planeta hace aguas por todos lados. Tu pequeño del alma pronto te lo hace saber: te dice que en la minicuna esa que tan amorosamente has preparado y que te ha quedado divina de la muerte con un montón de peluches te metas tú, que prefiere dormir pegado a ti como si fuera un koala. ¿En otra habitación? Tú te chutas. No quiere él, pero al decimoquinto despertar no quieres tampoco tú, que aspiras a poder conciliar algo el sueño y no pasarte la noche en plan *The Walking Dead* por el pasillo. ¿Los peluches? Sólo piensas en ácaros y más ácaros. Pero la constatación de que por tu bien ya puedes decir *bye bye* al mundo cuqui es cuando tu bebé decide hacerse una caca explosiva justo cuando le estás cambiando el pañal y acaba aquello saliendo en plan fuente para ir a dar contra esa pared. Esa que dudabas si pintar en *mint* o en turquesa (como si alguien fuera a ser capaz de distinguir entre matices) y que ahora está así como con gotelé.

Durante unos cuantos meses tener la casa impoluta y preciosa es la menor de tus preocupaciones. Vives en un bucle absorbida por los quehaceres maternales y apenas tienes tiempo ni de rascarte la nariz. Lavas, porque a la velocidad a la que se mancha la ropa no te queda otra, pero francamente es más una cuestión de supervivencia que de gusto. Y conforme van pasando los meses no mejora la cosa, no te creas. En unos pocos meses tu salón minimalista con toques japoneses será colonizado por las cosas de tu heredero rompiendo cualquier aspecto zen que pudiera tener. Parecerá más bien que alguien hubiese lanzado una bomba llena de cosas de colores y después hubiera huido. Mires por donde mires hay juguetes que tú has comprado con todo tu amor y compulsividad y de los que tu bebé pasa olímpicamente porque lo que quiere es justo todo lo que no puede tener.

## Juguetes que tu bebé no quiere

— Sonajeros de colores que imitan un llavero con llaves.
— Juguetitos con luces y colores en forma de teléfono móvil.
— Mandos a distancia diseñados por pediatras para favorecer su motricidad fina.
— *Doudous* de peluche adorables con una cabecita monísima de animales.

## Juguetes que tu bebé sí que quiere

— Tus llaves. Cuanto más mohosas, sucias y llenas de gérmenes mejor. No valen esas llaves de una puerta que tuvisteis hace años y que has esterilizado convenientemente.
— Tu teléfono móvil. Si es un modelo de ultimísima generación, mejor.
— El mando de la tele. Aquel de la tele vieja que ya no funciona no sirve, ése no lo quiere.
— Un trapo mohoso o un muñeco roñoso que no puedes lavar porque entonces pierde su esencia y olor. Vamos, lo que sea, pero bien guarro.

Pese a todo, los padres somos inasequibles al desaliento y seguimos comprando cosas con la esperanza de que en algún momento los niños se den cuenta de que todo eso mola más que aquello con lo que ellos juegan. Somos así de ilusos. Que te dejas una pasta (bueno, tú o los Reyes Magos o Papá Noel o el Ratón Pérez..., que encima ni siquiera te llevas el mérito) y luego resulta que a tu hijo lo que más más más le gusta... es el envoltorio. Una puñetera caja de cartón, el papel de burbujas, o el de regalo. ¡Si es que los adultos somos rematadamente idiotas! ¡Y que no aprendemos!

—Cariño, ¿qué quieres que le regale a mi nietina del alma por su cumpleaños? —te dice tu madre toda amorosa, que no tiene más nietos y que piensa que todo es poco para su ratoncita.

—Pues nada —contestas después de mirar a tu alrededor y viendo a tu hija intentando comerse el mando a distancia de la tele—; si es que tengo de todo.

—¿Ropa? —pregunta ella esperanzada.

—Pero si tengo cosas para tres vidas, mamá... No tengo tiempo material de ponérselo todo.

—¿Juguetes?

—No les hace ni caso, en serio. Si quieres regalarle un iPhone eso sí, seguro que le gusta.

—Jajaja, ya, claro... Bueno, algo le compraré.

Y claro que se lo compra. Le compra ese conjuntito que vio cuando fue de tiendas el otro día y estaba de rebajas, tres *bodies* que estaban tirados de precio, dos chupetes y un juguete súper educativo que recomendaron el otro día en un blog. Pero, ojo, no le digas que no te ha hecho ni caso porque te mirará con cara de no haber roto un plato en su vida y te dirá: «¡Pero si son dos tonterías, cómo eres de exagerada!».

Intentar tenerlo todo presentable es poco menos que misión imposible y a ti, que no has sido especialmente ordenada nunca, se te abren las carnes cuando ves el estado en que está todo. Y entonces tu bebé decide echarse a andar. A ti al momento te viene la imagen de un bebé tambaleante vestido de astronauta que comienza a dar un inestable paso hacia su madre que le espera en cuclillas enfrente y casi oyes la voz en off que dice «un pequeño paso para un hombre, un gran paso para la humanidad».

Si quedaba en tu casa algo de glamour éste va a ser desterrado rápidamente porque te das cuenta ¡de que vives en el lugar más peligroso del mundo! ¡No sabes cómo no aparece en las listas porque es lo más parecido a un infierno que existe! De repente tu chiquitín llega a todo: a las cosas que tienes en las mesas bajas del salón, en las estanterías, a eso que has dejado sin recoger porque no te ha dado tiempo, ¡te faltan manos y te falta tiempo para recogerlo todo! Da igual que estés con cien ojos y que creas que está todo bajo control, los niños tienen el superpoder de buscar maneras creativas de abrirse la cabeza esos dos segundos en los que te has dado la vuelta. Tendrían que contratarlos como inspectores de riesgos laborales porque su capacidad de dar con los peligros ocultos es infinita.

Los adultos nos hinchamos a poner cantoneras que siempre se acaban cayendo en las esquinas de todos los muebles y a tapar todos los enchufes no vaya a ser que se electrocuten. Que como idea no está mal, pero pasa como los cierres de ciertos productos de droguería o algunos medicamentos, que están diseñados para que no los abra un niño, ¡pero tampoco los adultos! Horas me pasé tirada en el suelo intentando quitar el protector de enchufes y jurando en arameo porque aquello no salía ni para atrás. Menos mal que descubrí unos que no hacía falta quitarlos para enchufar las cosas porque si no ya me veía sin usar ningún tipo de aparato electrónico en casa de ahí en adelante... Me hubiese acabado volviendo amish.

Y esperamos aquel momento en que nuestra casa deje de parecer la de un enfermo de Diógenes sin darnos cuenta de que luego viene la época en que tus hijos coleccionan piedras, palos y cualquier cosa que encuentran por la calle, el momento en que se ponen artísticos y deforestan medio Amazonas con sus dibujos (que por supuesto tienes que exponer) y sobre todo cuando descubres tras tres infructuosos intentos de pasar a través una habitación en la que todo el suelo está cuajado de ropas, libros, juguetes y de todo que sí podía haber alguien más desordenado que tú: tus hijos.

# El horror de las tareas de casa

«Si hay algo que no soporto es a los aficionados».
Eli Gold, *The Good Wife*

Tengo una amiga que sostiene que cuando das a luz te implantan el chip Madre 2.0. Estás ahí en una glamourosa postura abierta de piernas, con el más humillante de los camisones puesto encima, sangrando como un cochino jabalí y acabas de parir a tu churumbel, la luz de tus días. En ese momento de absoluta indefensión, ¡zasca!, te meten el chip. En él vienen incluidas, de regalo, las canciones de cuna que no has vuelto a cantar desde que eras pequeña, ese repertorio de frases de madre que juraste no decir y que por supuesto dirás y una serie de habilidades básicas. Algunas son muy útiles, estilo coger al niño como si fuera un conejo para que no se caiga, dormir en diez centímetros cuadrados o despertarte de un brinco cuando oyes llorar a tu criatura. Y quien dice tu criatura, dice cualquier criatura. Desde el preciso momento en que das a luz el llanto de los niños nunca más volverá a dejarte indiferente.

Lo cierto es que al convertirte en madre aprendes un montón de habilidades nuevas que, cuando las dominas, acaban por hacerte sentir poderosa. En cambio hay cosas que no vienen por ciencia infusa.

Cuando yo me independicé allá por los veinticinco me hacía una ilusión loca tener mi casa, llenarla con mis cosas, decorarla... Pero pronto descubrí que mantener limpio mi pequeño cacahuete (porque aquello no llegaba ni a casa) era más complicado de lo que yo creía. Empecé con mucha ilusión como con todo lo que es nuevo y por estrenar. Era la dueña y señora de mi casita (tralaralarita) y me sentía como una linda florecilla haciendo las tareas de mi hogar: sólo me faltaban los pájaros de Cenicienta alrededor ayudándome a hacer la cama. A los cuatro días no necesitaba a los pájaros en absoluto porque creo que no volví a hacerla jamás. Total, en la casa vivía yo sola, a mí me daba exactamente lo mismo dormir con las sábanas malamente estiradas o con la cama completamente deshecha. En el momento en que estaba fatal, la hacía y tan amigos, no había nadie que me presionara, especialmente mi madre, que eso siempre lo ha llevado fatal.

Constaté que lo mejor y lo peor de vivir sola en una casa es que las cosas permanecen en el lugar donde las has dejado el día anterior. En mi caso lo solía encontrar utilísimo sobre todo con la ropa porque, ya que aunque suene imposible, mi desorden tenía alguna especie de orden interno. Sé que mucha gente no era capaz de apreciarlo (mucha gente = mi madre, al resto les daba exactamente igual) pero yo sí. Con la comida ya era un poco más asqueroso, no os lo voy a negar. Aún ahora me da la pereza del siglo recoger las cosas de la comida apenas he terminado, así que en aquel entonces, en aquellos años de vagancia máxima comía y como mucho lo llevaba a la pila de los platos. Os voy a ahorrar los detalles, pero aquello era francamente asqueroso. He de decir en mi descargo que era insultantemente joven y trabajaba muchísimas horas, así que cuando llegaba a mi casa sólo quería descansar y no hacer nada de nada. Con los años me he reformado y, si bien tiendo al desorden, ya no soporto la guarrería. Que conste en acta.

De aquel tiempo aprendí que llevar una casa no sólo es agotador sino que también es muy ingrato. Que aún no has terminado de limpiar algo cuando ya vuelve a estar sucio de nuevo. Que te pasas el día limpiando y recogiendo y sólo se nota cuando no lo has hecho. Que es aburrido a morir y que lleva muchísimo tiempo. Y yo contaba que cuando tuviera mi propia familia las cosas iban a mejorar sustancialmente. Al fin y al cabo, todas las madres que conocía parecían apañárselas estupendamente, así que era algo que tenía que venir con la maternidad.

Pues no. Ni de coña. Lo primero que descubres cuando vives con tu pareja es que, como en los juegos de mesa, *en mi casa se hace así*. Supongo que quien ha tenido compañeros de piso previamente esto es algo que ha experimentado, pero nosotros veníamos los dos de vivir solos. También es cierto que no es lo mismo un compañero de piso *random* que puedes cambiar en unos meses si no te convence que tu pareja, que en principio es tuya para siempre jamás. Hay cuestiones que han de ajustarse, sobre todo esas cosas que te sacan especialmente de tus casillas. Siempre hay algo que tu pareja hace que te pone de los nervios. En mi caso la manera de tender descuidada de mi marido, que ponía las pinzas allá donde le venía bien y que me hacían parecer Batman por las marcas que dejaba en los hombros de los jerseis. Supongo que a él le atacaba los nervios mi desorden, que era mucho mayor que el actual (dicho sea de paso). Con los años imagino que hay cosas que acabas asumiendo que nunca van a cambiar y las otras las vas modificando de manera lenta e imperceptible. Son las cosas de compartir lecho y llevar muchos años juntos.

Así que de primeras, cuando comencé a compartir casa con mi futuro marido, la cuestión de las tareas del hogar no mejoró nada. Ambos éramos dos inútiles integrales en la mayoría de las cosas. Dos completos desastres. Yo no sé qué hubiésemos hecho sin la ayuda de nuestras familias, que lo mismo nos colgaban un cuadro que nos surtían la nevera de *tupperwares*.

La cocina es una afición que nunca tendré por más programas de cocina que vea. Todo lo que me gusta ver a gente cocinando se vuelve odio cuando me toca hacerlo a mí. Supongo que es como cuando mi amiga Eva me contaba que ella para dormirse la siesta se ponía películas de acción porque decía que se relajaba viendo a otros cansándose. No me gusta porque todo es muy impreciso, muy vago: una pizca, un chorrito, lo que admita... Mis pizcas implican que acabo comiéndolo todo soso (debo pizcar poco, por lo visto), el chorrito supone que mi comida navega en leche y a mí todo me admite una barbaridad. ¡Por favor, medidas objetivas! No sé qué le ven de relajante a cocinar y cuando lo hago con niños todavía es más angustioso. Cada vez que mis hijas dicen que quieren «ayudar» me echo a temblar porque sé que me va a costar el doble y que cualquier perspectiva de que aquello quede como a mí me gusta se evapora. Pero me aguanto porque estoy urdiendo un plan maligno para que sean ellas las que aprendan a cocinar y no tenga yo que hacerlo nunca más. (Aquí dejo espacio para que imaginéis una risa de villana terrorífica, ¡muajaja!).

El problema de ser madre es que tú puedes comer la primera porquería que se te pone por delante o comer tres días la misma comida sólo por no cocinar... Pero tus hijos, no. Las mías me han salido gourmets y me recriminan «es que esto ya lo comí ayer» ¿Y? ¿Cuál es el problema? Lo peor es cuando te dicen «es que esto ya lo comí LA SEMANA PASADA». A ver, hijas, en serio, que no soy Ferran Adrià, hago lo que puedo y mi repertorio de comidas es más bien limitado. Como madre te vuelves majareta buscando que tus hijos coman como a ti te gusta y la comida es siempre una fuente de grandes preocupaciones en la familia. Mi niño no me come, ¡ese gran clásico! Además, os lo digo yo, siempre todo puede ir a peor. Mis hijas comían divinamente, probaban cualquier cosa y todo les sentaba bien. ¿En qué momento el universo decidió darme la espalda y comenzó todo a torcerse? Ahora no sólo tienen reticencias a probar cosas nuevas sino que las pocas que les gustan de verdad no se pueden comer seguidas porque entonces hay quejas. Para complicarlo más, lo que le gusta a una no le gusta a la otra... ¡Mátame, camión! ¿De verdad he sido tan mala en otra vida?

Las cuestiones culinarias nos acompañan toda la infancia de nuestros hijos ¿Pecho o biberón? ¿Cuando introduzco los cereales? ¿Lo hago en forma de papillas o directamente le doy un trozo de pan? ¿Hago purés o pruebo el *Baby Led Weaning* que consiste en que los bebés coman la misma comida que el resto de la familia desde el principio y se autogestionen? ¿Camuflo la comida que no les gusta poniéndola bonita? ¿Cómo hago para que prueben cosas nuevas? Todo un mar de incógnitas que, para colmo, no tienen respuesta. Hay veces que lo que ha funcionado divinamente con el hermano mayor es completamente inútil para el siguiente, así que al final las madres hacemos, básicamente, lo que podemos.

Otro de los momentos en que lloras por tu inutilidad en las tareas del hogar es con el tema de las manchas. ¿Cómo diantres lo harán las madres de verdad, no tú, que eres una madre totalmente de todo a cien? Yo lavo y jamás consigo que la ropa me quede tan estupenda como le queda a mi madre. Ni tan blanca, ni tan esponjosa, ni tan limpia. En casa lavamos indistintamente mi marido y yo, y cuando vamos a tender y descubrimos que el polo del colegio ha salido con las mismas manchas con las que lo metimos en la lavadora nos echamos a temblar. «¿Y qué hago?» me pregunta él con desesperación. «¡No sé! ¡Pregúntale a Google!». Así que allá vamos. Y siempre nos contesta o con cosas que jamás tenemos en casa o con sugerencias que jamás se nos hubiesen ocurrido. «¿En serio, lo que quita las manchas de tinta es la leche? ¿Y eso por qué no lo pone en los cartones, ¿eh? ¿Limpiará igual la leche normal que la desnatada? ¿Cuánta hay que echar? ¿Cuánto rato?» y así hasta el infinito.

En ese momento tú sólo sabes dar las gracias por haber nacido 50 años después que tu abuela y no tener que ir cada mañana a las seis de la mañana al lavadero a lavar a mano la ropa de toda la familia. Tú, que no compras nada que no se pueda meter en la lavadora y que miras con recelo cualquier cosa que requiera plancha. Porque lo de que tu madre planche las bragas es vicio, pero realmente tu abuela no tenía mucha más opción. Benditas lavadoras. Sólo son superables por el hecho de tener una madre a la que acudir con una mancha de las que se resisten para que pueda hacer su magia.

# El instinto maternal y los opinólogos

«¿Y tú de quién eres? De Marujita.
¿Y tú de quien eres? De Josefita, le dije yo a la vieja».
No me pises que llevo chanclas, *¿Y tú de quién eres?*

A veces me pregunto si se para el reloj del tiempo y volvemos a la infancia cuando nos quedamos embarazadas las mujeres. Llevas un montón de años campando a tus anchas, posiblemente trabajando, tomando decisiones. Probablemente lleves una casa, pagues facturas, hagas la compra y la comida. Igual que tu pareja. Pues oye, que te preñas e inmediatamente todo el mundo comienza a tratarte como si tuvieras doce años. ¡Es de locos! No sólo no tienes esa edad sino que dentro de unos meses vas a ser la responsable (o irresponsable) de un bebé y se supone que estás preparada para ello. Hace años la gente tenía hijos mucho antes de lo que los vas a tener tú ¡y sobrevivían! ¡Aquí está, como prueba, la raza sin extinguirse!

La infantilización de la mujer durante ese tiempo es algo difícil de justificar. Mientras estás con el bebé en el horno ya te puedes acostumbrar a que te hinchen a consejos que no has pedido porque parece que todo el mundo sabe más de todo que tú. Hasta los que no han estado embarazados nunca ni se dedican a la profesión médica. Y esto no cesa cuando tienes a tu bebé. ¡Qué va! En lugar de ayudar a las mujeres a reforzar su autoestima y convencerlas de que pueden hacerlo porque ellas son lo mejor para su bebé, el mundo se empeña en tomar decisiones por ti y a cuestionar todo lo que tú haces. Con buena intención, sí, pero parece que tenemos un cartel que diga: «Soy una mujer desvalida, ayúdame con tu infinita sabiduría. ¡Gracias!».

El instinto maternal es de los más poderosos que existen. En un corto periodo de tiempo pasas de ser una jovenzana con nulo interés por los niños, a morirte por tenerlos y a encontrarte con uno en brazos casi sin darte cuenta. La primera vez que te dan a coger uno piensas: «¡Éstos están locos! ¡Inconscientes! ¿Cómo me lo dejan? ¡Pero no se dan cuenta de que no sé absolutamente nada de bebés y se me va a caer / romper / desgraciar / (añádase cualquier otro sinónimo al azar)!». Pero superada esa fase de estupefacción, se produce el efecto contrario: mutas en Madre Tierra y suele parecer que no ha habido madres antes que tú. Lo cierto es que estamos preparadas para proteger y defender a nuestros cachorros de todo lo que concibamos una amenaza. Lo hacen las leonas, que cuidan de sus crías y se defienden ferozmente de los depredadores y lo haces tú protegiendo a las tuyas de todos los que opinan sobre lo que hay que hacer o no con tu hijo, porque todos se creen con el derecho de hacerlo.

Opina tu madre, para quien tu hijo es una extensión de ti, su hija a la que ella ha criado. A ti a veces te gusta y otras veces no, pero como es tu madre puedes mandarla a paseo con la tranquilidad de saber que siempre acabáis reconciliadas: es algo que va en el cargo. Otra cosa es la suegra, con quien no sueles tener la misma confianza para mandarla a freír churros cuando toca.

El problema es que no sólo opinan los cercanos…, es que también opina quien no tiene vela en el entierro. Vecinas con las que te cruzas en el ascensor: «Vaya nombres raros que les ponéis a los niños hoy en día». Jubilados que te ven agobiada porque tu hijo no para de llorar a grito pelado y apostillan: «Pues va a tener hambre». La señora de la cola del supermercado: «Qué mal educáis las madres de hoy en día». La amiga que acompaña a una vecina cuando llevas a los niños al cole: «Van demasiado despechugados, se van a acatarrar». ¡BUENO, BASTA! ¡Me importa tres bledos lo que creáis el resto, en serio!

Al final lo más gracioso es que la que queda como una borde por pegarles un corte siempre eres tú. Da igual que hayas sido el santo Job y sonreído resignada con cada impertinencia que te hayan dicho con anterioridad. Ese día que estás más harta de la cuenta y le sueltas una fresca, ese preciso día te conviertes en una bruja soberbia que lo sabe todo y una maleducada. Y no. No eres una maleducada. Estás defendiendo tu manera de hacer las cosas porque sientes que están invadiendo tu espacio. Que serás una madre novata y con nula experiencia pero eres la única que tienen tus hijos, así que con eso os vais a tener que arreglar. Como decía una amiga mía, la primogenitura tiene muchas ventajas, pero tiene la inmensa desventaja de que tu madre va con la «L» colgada de la espalda como en la autoescuela. ¡Ah, se siente! ¡Haber elegido muerte!

Además, lo peor es que las mujeres en los primeros meses no estamos precisamente en el mejor de los momentos para recibir consejos, críticas y opiniones varias. Generalmente andamos agotadas, con falta de sueño y de ratos para cuidarnos a nosotras mismas. Y ojo, que no hablo de irnos a un spa… Con tener media hora para leer un libro, ver una serie o tomarnos un café sin tener que correr nos conformaríamos. Placeres corrientes y molientes que antes no valorábamos.

Las hormonas tampoco ayudan. Inmediatamente después de dar a luz, el cóctel de éstas nos pone en estado de alerta, eufóricas, borrachas de amor por nuestros bebés. Pero sólo unos días más tarde se produce el efecto contrario y la química de nuestro cuerpo nos empuja a la melancolía. Es un momento muy delicado para las mujeres porque es fácil caer en la depresión posparto, algo mucho más común de lo que solemos admitir. Con este escenario, cosas que en otro momento carecerían de importancia se hacen un mundo. Pasas de la alegría al llanto con una facilidad pasmosa y todo se vive de manera muy exagerada. Algo así como lo que cuentan que pasa en *Gran Hermano*, que todo se magnifica. Pues lo mismo, pero sin tener que compartir casa con ningún extraño que habla a gritos.

Como dice una amiga mía, «las opiniones son como los culos: todos tenemos una», y muchos al parecer no pueden pasar por la vida sin contarle al mundo cuál es la suya. Lo mejor es que con las mujeres con hijos pequeños parece que se abre la veda para opinar sin filtro. Una mañana cualquiera, vas con tu bebé y te asalta una conocida para decirte que «tapes a ese niño, que lo llevas muy destapado». Y lo tapas. Diez metros más allá te encuentras con otra que te dice: «Se te va a cocer la criatura, mejor quítale algo de ropa» y así en bucle, quitándole y poniéndole cosas como si tuvieras un trastorno obsesivo compulsivo. Si tu hijo llora no faltarán los que te hagan saber que tiene hambre. O sueño. O que está cansado. Y tú, a quien se le está metiendo ese llanto ininterrumpido en lo más profundo del cerebro, sólo quieres llegar a casa para buscarle una solución porque ya lo has probado todo y no ponerte a debatir con extraños *random* qué es lo que le pasa. Sin acritud. De verdad de la buena.

El caso es que además da igual lo que hagas, siempre habrá quien te aplauda por lo que haces y quien te criticará por la misma razón. ¿Que llevas a tu hijo en el carrito de bebé con un abrigo? Unos te dirán que está soplando un poco de viento y deberías ponerle más capas que va a coger frío y otros que así va fenomenal. ¿Que mandas a tus hijos solos al colegio porque consideras que una calle peatonal llena de gente yendo en la misma dirección no es peligroso y ya tienen una edad? Habrá quienes lo vean con admiración y quienes te digan que a dónde vas, que en su casa a los niños se les acompaña hasta la universidad. La versión maternal del «en mi casa se juega así».

En realidad existen muchos modos de crianza de los niños, todos válidos mientras a la familia le funcionen. Lo que parece inevitable es que las diferentes visiones a veces choquen como dos trenes que van en dirección contraria. La madre que cría con pecho cree que lo mejor es la leche materna y a veces la del biberón puede sentirse atacada. Las que son partidarias de enseñar a los niños a dormir como propugna el doctor Estivill y las que se llevan las manos a la cabeza porque creen que aquello no es respetuoso con los niños. Las madres que están implicadísimas en el colegio con las que no lo están. Las madres que sienten que no llegan a todo. Al final todas las madres sienten en un momento u otro que las otras las están juzgando.

De todos modos, es cierto que tener cada vez menos hijos y cada vez más tarde hace que exista mucha más sobreprotección que hace décadas. Cuando se tienen muchos hijos es físicamente imposible estar encima de todas y cada una de las cosas que hacen tus vástagos. Apenas tienes tiempo para rascarte la cabeza, así que tus hijos aprenden a vestirse, a apañárselas solos y a hacer un montón de cosas sin ayuda por la cuenta que les trae. Y sorprendentemente, sobreviven. Cuando tienes menos hijos tiendes a pensar que te necesitan para casi todo.

La edad a la que somos madres también influye. No es lo mismo ser madre a los veintipocos que bien entrada en la treintena o cuarentena. Los niños son muy deseados y son fruto de decisiones muy conscientes. Hemos tenido que esperar el «momento adecuado» (como si eso existiera) para lanzarnos a la piscina de la procreación. No nos lo han puesto fácil en el trabajo, en el que tener hijos te señala y hay que sopesar si esto nos va a limitar a la hora, ya no sólo de ascender, sino a veces incluso de mantener nuestro puesto y no acabar engrosando las filas del paro. La precariedad hace que no tengamos estabilidad suficiente y que a veces tengamos problemas para tener nuestra propia casa. Tener hijos es una decisión importante, que no se toma a la ligera.

Cuando consigues algo que te ha costado horrores, que es fruto de un gran esfuerzo, no se cuida de la misma manera. Somos madres más tardías, más conscientes... y, a veces, más coñazo. De ahí nacen preocupaciones y dramas de los que los niños no tienen la culpa porque ¡qué pesadas podemos llegar a ser! Yo en estos casos siempre acudo a las verdades irrefutables que ha plasmado la música: «Los amigos de mis amigas son mis amigos» (Objetivo Birmania), «Qué ricos los chorizos parrilleros» (Georgie Dann), «¡Qué difícil es hacer el amor en un Simca

1000!» (Los Inhumanos), «No hay marcha en Nueva York y los jamones son de York» (Mecano) y, por supuesto, «No es amor lo que tú sientes, se llama obsesión». De tanto amor que sentimos a veces podemos llegar a convertirlo en pura obsesión. Y acabar siendo carne de *reggaeton*.

# De mono a bimadre

«Sí, voy a ser mamá,
voy a tener un bebé
para jugar con él,
para explotarlo bien».
Pedro Almodóvar y Fabio McNamara, *Voy a ser mamá*

Las mujeres nos volvemos locas cuando queremos embarazarnos. Es difícil tenerlo todo bajo control porque resulta que a veces das por hecho que vas a tardar muchísimo y te quedas a la primera y otras tantas, no hay manera de acertar. No debería ser tan difícil: papá pone una semillita en mamá… y a los 9 meses tienen un bebé. Pues no. Que si hay que controlar los días en los que se es fértil, las posturas, los test de ovulación, la alimentación… Vamos, que para una cosa que debería ser divertida resulta que nos obsesionamos y acaba siendo fuente de un montón de preocupaciones. Y no se te ocurra comentar que estás en la búsqueda del bebé porque te freirán a preguntas que no siempre te apetecerá contestar y otra vez volverán los opinólogos a tu vida. «Prueba esto». «Prueba esto otro». La presión nunca ha sido buena compañera.

El momento perfecto para tener hijos sencillamente no existe. Siempre hay un contrato a punto de renovarse, un pico de trabajo, un jefe que te va a hacer la vida imposible, una hipoteca, unos gastos imprevistos… La mayoría de la gente se encuentra con que puede esperar sentada a que llegue ese momento en que todas las cosas confluyen y se les aparece el ángel de la concepción para tener una revelación como en Fátima: «Tú, Menganita de cual, ten un hijo. Ahora». Estaría bien que sucediera así, pero... ¡va a ser que no! Y es que cuando tienes la edad adecuada no tienes pareja, cuando tienes la pareja no tienes dinero y cuando tienes dinero no tienes edad. Así de loco todo.

De modo que no queda otra que tirarse al vacío en un momento u otro y que salga el sol por donde quiera. Lo mismo, como en *Amanece que no es poco*, sale por el otro lado, pero nunca lo averiguarás si no te pones a ello. Tampoco creáis que es mucho más fácil cuando ya tienes un hijo: decidir cuándo se está preparado para tener más peques no es tarea sencilla. ¿Cuánto deberían llevarse?

## Elige tu propia aventura (versión reproducción)

**Eliges que tus hijos se lleven poco.** A priori, la gran ventaja que todo el mundo le ve es que es genial para los niños: tendrán un amigo en casa o uno al lado para tirarse de los pelos y discutir a tiempo completo. Sin embargo, para los padres pueden ser unos años durísimos. Que se lleven muy poco supone estar embarazada teniendo que cuidar de un bebé. Cuando nace el pequeño, el mayor está queriendo andar. Lo más probable es que tú estés durmiéndote por las esquinas y agotada de la vida, queriendo morirte un poco. Eso sí, también es verdad que puestos a hacer el kamikaze se pasa todo de una vez y si sobrevives te habrás convertido en una súper heroína. Por menos le dieron el uniforme a Catwoman. Para que luego digan que las mujeres son unas blandas.

**Eliges que tus hijos se lleven entre 2 y 4 años.** Sin duda, es más llevadero para los padres. El embarazo lo pasas cuando tu hijo mayor ya no te necesita constantemente, al menos, sobre el papel, y cuando nace es probable que ya vaya al colegio y te dé un respiro. Sin embargo, te pasas enfangada con las cosas de la reproducción muchos años, sin mediar descanso. Empalmas un bebé con otro y entre tanto no has podido disfrutar de las mieles de estas cosas locas que valoramos los padres tipo: dormir una noche seguida, poder ver algo que no sean dibujos animados en la tele, no tener que poner pañales, aguantar limpia diez minutos... Para los niños, en principio, está bien porque tienen un hermano con el que no se llevan una barbaridad de años pero lo mismo no se soportan, así que tampoco es la panacea.

**Eliges que tus hijos se lleven muchos años.** Tal vez cuentes con la ayuda del hermano mayor, pero tener los hijos muy separados tiene una inmensa desventaja: la pereza inmensa que da tener que pasar por todo aquello de nuevo cuando ya estabas relajada y viviendo esa maternidad menos agotadora de cuando los niños crecen.

Total, que no hay opción buena. O mala, según se mire. Y estamos hablando de tener dos hijos que es lo que la sociedad considera, por alguna extraña razón, que es lo fetén. Si tienes un solo hijo te van a empezar a decir cosas como: «Fíjate, qué solo está, ¿y no has pensado en darle un hermanito?». «Pues los hijos únicos son todos unos consentidos». «No hay nada más triste que no tener hermanos». «Qué egoístas sois los padres de hoy en día, que no os sacrificáis nada» y cosas por el estilo. Pero si tienes dos y osas tener un tercero no creáis que la cosa mejora: «Estáis locos». «¿Ha sido por accidente?». «¿No eres tú muy mayor para tener más hijos?». «Y tal y como está la cosa de achuchada, ¿cómo lo vais a mantener?». Sí, para mandarlos a tomar por donde amargan los pepinos. Si os parece, sometemos la política de natalidad de nuestra casa a referéndum ¡no te fastidia! De tener más de tres hijos, ni hablamos. ¡Están locos o son de una secta!

Aspirar a tener una pareja, sueldo, casa, dos hijos, ningún problema para reproducirte, ningún problema en el trabajo y una vida perfecta es como intentar atrapar un unicornio. Tú puedes intentarlo pero ¡que Dios te pille confesada!

Tendemos a pensar que el salto a la bimaternidad es muy duro y, vaya, la cosa obviamente se complica porque de repente has pasado a tener tantos hijos como brazos y como tengas uno más la cosa se te va de madre, pero sinceramente no creo que el trabajo se duplique. Total, ya no duermes, te pasas el día persiguiendo niños, haciendo de taxista y viviendo al límite. Tu situación cambia, pero no a mucho peor. *From lost to the river.*

Hay que prepararse mentalmente para asumir que los celos llegan en algún momento. En algunas casas, aparecen apenas entra «el nuevo» por la puerta. Una mirada llena de suspicacia de primeras puede ser la señal de alarma para que vigiles al mayor, no vaya a ser que cuando esté la casa en silencio sepulcral esté atentando contra el pequeño. Sin embargo, en otras ya te has confiado porque tu bombón mayor ha recibido a su hermana con los brazos abiertos, estás emocionada por lo bien que lo lleva (y menos mal, porque la pequeña no para de llorar y lo que te faltaba)... Y tres años más tarde hacen entrada en el escenario los celos como Norma Duval en sus buenos tiempos: llamando la atención. Éste fue nuestro caso: los celos no existieron hasta que la pequeña fue competencia. Los años anteriores la mayor sabía que ella era mucho más graciosa, mucho más guapa y mucho más llamativa que su hermana pequeña que no hacía más que comer, cagar y llorar (mucho).

¿Consejos para sobrellevarlo? Nada te turbe, nada te espante, todo se pasa, que diría santa Teresa de Jesús. Y si has de llorar, con la puerta cerrada, no vaya a ser que huelan el miedo.

# ¿Por qué los niños no tienen botón de apagado?

«Cómo encender y apagar el Mac:
Enciende el Mac con el botón de encendido. Apágalo con la opción Apagar equipo».
Instrucciones para poner en marcha un iMac

Los adultos somos muy previsibles. Cuando estamos cansados lo que queremos es sentarnos. Cuando tenemos sueño, le hacemos ojitos a la cama. Si tenemos hambre, pensamos en asaltar la nevera para darnos un atracón. Vamos, lo normal. Tienes una necesidad y la cubres o, al menos, lo intentas. En cambio los niños no funcionan exactamente así. Tú sabes que tu bebé está literalmente que se cae de sueño; todas las señales apuntan a ello... Y el muy-maldito-roedor no se duerme. Ni para atrás. Se pone a llorar como si lo estuvieran matando. «Ah, pues no, no tiene nada en la cuna que le moleste», dices después de la búsqueda exhaustiva de unos pinchos imaginarios a modo de cama de faquir. Lo coges en brazos. «¿Será que está sucio?», piensas para ti. Y sí, va hasta la bandera pero eso nunca ha sido un gran problema en realidad. Otras veces ha ido así, literalmente hasta el cuello (es uno de los superpoderes de lo bebés, proyectar la caca a modo de cañón de confeti) y ahí estaba tan pichi. Así que lo cambias... Y sigue llorando.

«¿Será hambre?». «¿Serán gases?». «¿Será un diente que está a punto de salir?». «¿Será que Venus está alineado con Júpiter?».

Lo único que sabes es que ya lo has probado todo y el amigo está ahí, cantando *La Traviata* a grito pelado. Si al principio lo imaginabas, ahora lo tienes claro meridiano: lo que tiene es sueño. Un sueño hiperbólico. Un niño a un sueño pegado. Un sueño de dimensión superlativa, sayón y escriba, ¡ah, no, que esa era la nariz que glosaba Quevedo! Un sueño que te cagas, en resumidas cuentas.

¿Y por qué los bebés no se dormirán cuando tienen sueño? Es uno de los grandes misterios de la vida moderna junto con si las pirámides las construyeron los extraterrestres o si los tertulianos de la tele acaban por tener más razón cuando hablan a gritos. Para dormir los niños lo tienen absolutamente todo a su favor: la genética porque, cuando duermen, los bebés segregan la hormona del crecimiento, maduran sus órganos, se fortalece su sistema inmunitario y además aumenta su apetito, así que están programados para dormir muchísimo. El lugar, sea cuna, coche, brazos, portabebés o un hotel de cinco estrellas (a esas alturas, lo que quiera para que deje de llorar). El motivo: tiene un sueño que se muere y sobre todo ¡es que no tiene nada más que hacer! Porque ya me contaréis la vida tan intensa y llena de planes que tiene un recién nacido que básicamente puede dormir, comer, hacer caca y llorar. ¿En serio no puede encontrar un momento en su apretada agenda para dormir? Y tú piensas, oye, que si tú no estás interesado en conciliar el sueño ya lo hago yo, ¿eh? Te dejo aquí al cargo de todo y yo me voy a la cama que llevo muchos días sin dormir más de dos horas seguidas y ¡esto no es vida!

Cuando tu bebé está llorando en bucle y lo has probado todo, además de tener ganas de unirte a la fiesta y llorar tú también, matarías porque tu bebé tuviera un botón de apagado. Lo has buscado en multitud de ocasiones y estás segura de que no existe pero a pesar de todo sigues buscándolo con ahínco. Han inventado de todo en esta vida, desde un *green* para jugar al golf cuando estás en el váter hasta una almohada que tiene un brazo para simular que estás durmiendo haciendo la cucharita ¡por el amor de Dios pónganse manos a la obra e inventen ese botón de off, que se forran si lo consiguen!

Conforme los niños crecen, las cosas cambian ligeramente. Aunque algunos padres cuentan que sus hijos cuando tienen sueño se duermen (¡qué cosas!) a otros les sucede eso que ha dado en denominarse con el científico nombre de *pasarse de rosca*. Es un fenómeno extraño: el peque está que se cae, que se muere, agotado perdido y, en lugar de hacer mutis por el foro, se pone como una moto. Empieza a correr como si no hubiese un mañana, a ponerse de mal humor y a acelerarse. Vamos, que está que no se aguanta ni él, pero ¡no lo sabe! Y claro, a ti te suele pillar ya con las reservas de paciencia bajo mínimos porque posiblemente tú también estés para el arrastre, pero no puedes huir. ¿No puedes? No debes. Eres el adulto responsable. ¡Maldita sea!

Fantaseas con la hipnosis: una palabra mágica que los transporte al País de los Sueños simplemente desactivándolos. Sí, como si fueran bombas que hay que neutralizar. *Salacabín* o cualquier otra, y tu hijo plácidamente dormido, con esa cara de no haber roto un plato en su vida que se les pone cuando se relajan.

También fantaseas con tu madre. Tus hijos son especialistas en dejarte mal ante ella. ¿Que tu hijo no come nada? No hay como dejárselo un día para que se zampe sin rechistar y relamiéndose todo aquello que tú jamás conseguiste siquiera que probara. Si te quejas de que duerme fatal, lo dejas un día en su casa y ese día, ¡bam!, doce horas del tirón y un «se quedó dormido en cinco minutos». Mi hermana y yo barajamos dos teorías respecto a nuestra madre: una, que los duerme por aburrimiento, y dos, que los droga. No preguntamos, no vaya a ser que sea la segunda.

Los peques al final acaban durmiéndose siempre, que es lo suyo, pero ese botón de apagado sigues pensando que sería súper útil en otras muchas ocasiones. A los niños les pone verte en el sofá, sentada, relajándote, sin hacer nada. Deben pensar «vamos a hacer la buena obra del día y vamos a hacer que mueva el culo, que debe aburrirse». Es como un sensor. Aún no has rozado el sillón que es matemático, ya viene cualquiera con un problema existencial:

—¿Mamá, vienes a jugar conmigo?

—No, cariño, que estoy descansando un poco.

—Es que quiero agua —dice pensando en el modo en que te haga levantar.

—Aquí tienes esta botella. —Ésta fue fácil, la viste venir.

—Mamá, en una lucha de Batman contra Ironman, ¿quién ganaría?

—… —Repasas desesperadamente y a toda velocidad todas las películas de superhéroes que recuerdas—. No tengo ni idea.

—¿Y si luchara la Viuda Negra contra Spiderman?

—La Viuda Negra —contestas, esta vez, sin dudarlo. Si algo tú tienes claro es que si hay una chica, gana la chica. Y si no, que le pregunte a su padre. Claro que a su padre le encanta la Viuda Negra, así que lo mismo también dice que ella.

—¿Y…?

—Cariño —interrumpes suavemente—, deja a mamá un poco tranquila y vete al cuarto a jugar, anda.

No hay como sentarte, poner la tele, buscar esa serie que tienes atrasada cinco años, sacar un libro para que tus hijos perfectamente atendidos por lo demás empiecen a tener necesidades a saco. De todo tipo: alimenticias (tengo sed, hambre, pero hambre de galletas, mamá), físicas (un pis terrible, unas cacas inaplazables), metafísicas (¿adónde van los perros cuando se mueren? ¿Si tiro a mi hermana desde la litera de arriba se hará daño o MUCHO daño? ¿Por qué se les llama puentes a cuando tenemos fiesta más de un día?), logísticas (¿puedo coger esta manta para hacerme una casita?)… Y así, como diría Buzz Lightyear, «hasta el infinito y más allá».

Al final, cuando intentas culturizarte acabas haciéndolo a hurtadillas, en el baño, como si en vez de leer un libro estuvieras fumando a escondidas de tus padres. En lo que hemos quedado.

# Enhorabuena: aquí tienes tu máster en negociación internacional

«Debemos encontrar una manera de vivir juntos en paz, en armonía y en pleno respeto de los derechos humanos y las libertades fundamentales».
Ban Ki-Moon, ex secretario general de la ONU

La vida con tus hermanos era dura en tu infancia: el paso de los años y sobre todo el no compartir techo con ellos desde hace la mundial hacen que nos olvidemos de ello. El tiempo todo lo suaviza y aunque los adores, aunque tengas un grupo de *whatsapp* en el que bromeas sobre tus padres, aunque hagas frente común con ellos cuando toca, es innegable que todos, salvo los hijos únicos, han tenido tiranteces con sus hermanos en algún momento de su vida. Cuando algunas veces me preguntan qué tal se llevan mis hijas siempre digo lo mismo: bien, como todos los hermanos. Unas veces se adoran y otras veces se odian. Se matarían, pero cuando no están cerca se echan de menos. Al fin y al cabo pasan tantas horas juntas que lo raro sería que no discutieran alguna vez. Aun así, existen muchos tipos de hermanos.

## Enciclopedia fraternal

**Hermanos lapa.** Se adoran. No son necesariamente mellizos o gemelos, pero tienen una conexión especial y lo hacen casi todo juntos. Comparten grupos de amigos, salen juntos, son confidentes y por sus hermanos, matan. Eso sí, las broncas, que también las tienen, son épicas porque tienen tanta confianza y se conocen tan bien que van precisamente a donde más duele.

**Hermanos león.** Viven en manada, pero son extremadamente territoriales. En el fondo se aprecian, pero muy en el fondo, y están constantemente a la gresca tratando de marcar territorio.

**Hermanos lobo.** Van a su puñetera bola. Cada uno hace vida por libre y sus mundos apenas se mezclan sin importar los años que se lleven. No discuten demasiado porque generalmente se ignoran, aunque cuando se ven obligados a pasar juntos más tiempo del habitual, como en vacaciones, por ejemplo, pueden saltar chispas.

**Hermanos pato.** Donde va uno, va el otro. Son estos hermanos en los que el pequeño sigue y repite todo lo que hace el mayor porque para eso es grande y su ídolo. Los hermanos mayores a veces lo llevan bien porque a todos nos gusta ser ídolos para alguien y otras veces acaban hartos de que el pequeño los imite en todo.

**Hermanos canguro.** Especialmente cuando los hermanos se llevan muchos años a veces el mayor adopta un rol sobreprotector del pequeño, o lo que es lo mismo, acaban actuando como si fueran un padre o madre más.

**Hermanos unicornio.** Esos hermanos perfectos que no discuten nunca, siempre están de buen humor, todo es armonía, cagan purpurina... vamos, esos que no existen.

Cuando eres niño siempre deseas lo que no tienes. Si tienes sólo hermanas querrías tener hermanos para que te presentaran a sus amigos. Es la mayor (y tal vez la única) ventaja que le ves a tener hermano mayor cuando eres adolescente. Si los hermanos son de distinto género, entonces te gustaría tener alguien como tú para que te entendiera. Si te llevas muchos años, quieres alguien más cercano con quien hacer piña y si te llevas poco, entonces te gustaría que hubiese más separación para que no se cruzaran tanto vuestros caminos. El caso es no estar a gusto con lo que uno tiene. Y dar que hablar, eso siempre.

Los padres nos volvemos expertos en mediación de conflictos. En nuestra casa, sin duda.

## Escena 1

Te dispones a hacer la comida del sábado. Eres una cocinera nefasta, pero tu pareja lo es más, así que en el reparto de tareas de casa habéis decidido que por el bien del paladar de todos cocines tú. Estás ahí enfangada hasta las orejas y cocinar no te relaja ni un pelo: en tu cocina parece que ha caído una bomba a juzgar por el desorden existente en la encimera. Estás ahí peleándote con el pollo cuando aparece tu hija mayor.

—Mamáaaaaaaaa, Mencía no me deja el iPad. —Ese instrumento del demonio que estás tentada de esconder y no volver a sacar más.

—Pero es que llevo poco tiempo y ella lleva toda la mañana —contesta la pequeña bastante enfadada, defendiendo la tableta con su vida.

Se prevén lloros en tres, dos, uno... Efectivamente, ahí están. *Et voilà!* Te asomas al salón. Ahí está su padre tranquilamente viendo la tele, ajeno a todo el revuelo, tranquilo como el que más. Sordo, no sabes si de verdad o haciéndoselo.

—¿Pero es que no tenéis padre que tenéis que venir a mí siempre? ¿Sois huérfanas y yo no me he enterado?

Fin de la primera escena.

## Escena 2

Llevas todo el día por ahí. Llegas a casa con las niñas, cansada, y en este momento tus aspiraciones vitales son muy básicas: beber algo fresco, sentarte en el sofá y estar con encefalograma plano el mayor tiempo posible. Descalza. Con los pies en alto. El paraíso. Con los años has ido limitando tus expectativas y aún así eso te parece inalcanzable.

Aún no has puesto el culo en el asiento cuando empiezas a oír gritos en la habitación del fondo donde sabes que están las niñas. Oh-oh. ¡Mierda! La típica discusión de todos los días. Dudas. ¿Qué hago? ¿Intervengo o no intervengo? Todavía no ha sonado ningún golpe fuerte así que aparentemente no hay daños, ni personales ni materiales. Sí, te avergüenzas de pensar que a veces te importan más los segundos que los primeros, pero es lo que hay. Las madres no siempre somos razonables.

Es la enésima discusión de tus hijas hoy. Han discutido previamente por ver quién se sienta dónde, por la canción en la radio, han llorado porque ninguna de las dos quiere ducharse la primera (son hidrofóbicas o alérgicas al agua, al parecer... Resulta que tengo gremlins en casa y no lo sabía). A esas alturas lo único que puedes pensar es algo muy políticamente incorrecto: que se maten si quieren, pero que lo hagan en su habitación a puerta cerrada.

Ante las discusiones de los niños es muy complicado decidir qué hay que hacer. Si intervienes te arriesgas a que cada vez que haya un problema vengan a ti, y eso no mola nada. Primero, porque no siempre vas a estar tú en todos los momentos de la vida y tienen que aprender a sacarse las castañas del fuego. No hablamos de grandes problemas, obviamente, sino de esas pequeñas tonterías que ocurren en el día a día y que son la sal de la vida. Y segundo, porque no hay nada más agotador que estar mediando por chorradas ya que todo en la vida de los niños tiene una potencialidad enorme para ser objeto de discusión. Veamos:

**Posesión del bien.** Esto es MÍO y no te lo presto porque la anterior vez lo dejaste hecho un asco / porque siempre te lo estoy dejando / porque es mío y punto (pelota).

**Duración del uso.** Es que ya llevas mucho tiempo usándolo / hace mucho que no lo cojo / me toca a mí / mamá ha dicho que nos lo turnemos.

**Características del objeto.** Porque es rosa / azul / verde / amarillo /…

**Preferencia.** Es que éste me gusta más / éste no lo soporto / ni de coña me lo pongo.

Y luego está la afición por llevar la contraria. Si uno dice blanco, el otro tiene que decir negro, así porque sí, como si estuvieran en una canción de Malú. ¡Y porque si no discutimos no estamos contentos! ¡Hay que ponerle sal a la vida! Como te acostumbres a intervenir, ya puedes prepararte para mediar en discusiones tan apasionantes como si una vez que algo se hereda el anterior propietario tiene algún tipo de derecho sobre el bien (esa pelota era mía, déjamela ahora), si tiene que recoger el juguete el que lo sacó o el que estaba jugando al final o si lo que está en tu cuarto es asunto tuyo o de todos.

Si intervienes, porque intervienes, y si no lo haces resulta complicado abstraerse cuando ves que en la habitación de al lado está sucediendo la Tercera Guerra Mundial. ¿Cuándo es conveniente intervenir? Encontrar el momento justo es tremendamente difícil y hacerlo calmada…, más. Porque tú la teoría te la sabes: la violencia engendra violencia, se consigue más calmada que alterada, tú eres la adulta… Sí, todo eso lo aprendiste, puedes recitarlo de carrerilla y, además, crees profundamente en ello. Pero cuando te pilla cansada, en un día de esos en los que has estado arreglando un marrón tras otro y ya andas justa de paciencia a veces sacas la hidra que llevas dentro y acabas echando sapos y culebras por la boca. Cero educativo. Cero paz y amor. Y encima cuando se te pasa el subidón llega el sentimiento de culpa, una cosa muy chula y en la que las mujeres somos especialistas.

Todo esto además cambia cuando estás en la calle. Que una cosa es tu casa, donde eres la que manda (o eso te crees) y otra cuando las discusiones son en el parque. ¿Eres la madre pesada que está todo el rato interviniendo? ¿Eres el padre que pasa de todo? ¿Cómo se gestiona que no se pasen con tu hijo? ¿Cómo haces que tu hijo no se pase con los demás? Complicado. Por eso yo mandaba a mis hijas a la calle con mi marido y ojos que no ven, corazón que no siente. Chica lista.

# Lo de llorar como si no hubiese un mañana no se pasa con el embarazo

«El llanto es tan saludable como el dolor y más poético».
Alejandro Casona

Hay gente que nace con mayor predisposición al lloro. Una de mis hijas no es de llanto fácil y cuando le caen las lágrimas suele ser porque hay un motivo gordo de fondo. Su hermana, sin embargo, necesita llorar de vez en cuando. Es como si fuese una olla a presión: ha de soltar energía y esto lo consigue llorando a grito pelado. No es algo nuevo, lo hace desde que era un bebé, con un sentimiento tremendo, no os creáis, como si la estuviéramos torturando. Se echa un lloro y se queda nueva. El problema suele venir porque empieza y luego no se acuerda de parar. Por el camino se ha olvidado totalmente de por qué estaba llorando pero ha cogido carrerilla y ya no hay quien la pare. ¡Alegría y alboroto! ¿No podría relajarse haciendo algo menos ruidoso tipo jugar al ajedrez o darse un baño relajante? ¡Ay no, es que tengo cada cosa!

Eso los niños. En tu caso, da igual que tú fueras de las que lloraban o de las que no soltaban una lágrima así las matasen: llegará la maternidad a tu vida y a tu cuerpo también. Además de las estrías, de los cambios en tus pechos, en tu barriga y en otros muchos sitios descubrirás que tú ya no eres la misma y que es posible que llores con más facilidad que antes. Con mucha, mucha, mucha, más.

Alguna pista empezaste a tener cuando estabas embarazada. Cuando estamos en modo *bollo en el horno* nuestras hormonas nos juegan muy malas pasadas y lloramos y reímos como si estuviéramos poseídas por el espíritu del Joker. Nuestras parejas se ganan el cielo por aguantarnos porque lo cierto es que a veces si pudiéramos nosotras mismas nos automandaríamos a la mierda con patada voladora.

## Cosas que pueden hacer llorar a una embarazada:

— Ver una serie en la que un niño está enfermo.
— Un documental en el que aparezca cualquier animal con sus crías.
— Ver *Juego de tronos*, así en general.
— Leer un libro, da igual el género. Se pueden incluir los manuales de economía también, con esos también se puede llorar.
— Ver las noticias, escuchar la radio, leer el periódico.
— Que se te rompa una uña.
— Que no encuentres las llaves.
— Que no te quepa la ropa.
— Que no queden yogures suficientes en la nevera (cámbiese yogur por la comida que te apetezca en cada momento).
— Pensar que no vas a ser buena madre.

¡Todo es susceptible de ser un drama apocalíptico, todo te puede hacer llorar! Cuando yo estaba embarazada hubo un mundial de fútbol en el que desfilaron los equipos de veteranos que habían ganado alguna vez el título. De repente, no sé muy bien cómo, me descubrí a mí misma llorando a moco tendido, con hipo y todo. De vez en cuando me daba cuenta de lo ridículo del asunto porque ni siquiera me gusta el fútbol y no tenía ni la más remota idea de quién era esa gente, así que entre lágrima y lágrima, me entraba la risa. ¡Me sentía tan estúpida! Eso sí, mi marido todavía me lo recuerda. Yo lloraba pero él estaba muerto de la risa en secreto (porque si lo hacía frente a mí, lloraba más).

Lo que ocurre es que yo pensaba que esto se iba con el tiempo, que era una mala jugada de las hormonas y que cuando tuviese a mi hija en brazos aquello se pasaría. ¡Y una leche! Una década más tarde he dejado de ser la mujer fuerte que era y me he convertido en un bollito blando y dulce. ¡Y no tiene visos de mejorar!

Supongo que esto pasa porque de repente descubres que hay alguien que depende de ti de una manera difícil de explicar. De pronto ya no eres la hija, eres la madre y eso da mucho vértigo. Pero mucho mucho. Recuerdas la sensación de protección que experimentabas (y experimentas) junto a tus padres, que parecía que si estaban ahí ya no podía pasar nada o que si ocurría ellos lo solucionarían. Eran, por muy cursi que suene, tu refugio, un lugar seguro al que siempre acudir porque daba igual lo que sucediera en el mundo, ahí te sentías a salvo. ¿Y ahora va a sentirse a salvo conmigo alguien? ¡Socorro! ¡Pero si yo no sé nada! ¡Si tengo el mismo miedo que tenía ayer sólo que esta vez tengo que salvarme a mí misma y además a mis criaturas! A veces dan ganas de salir corriendo en la otra dirección o llamarlos insensatos a todos.

A mí la maternidad me dejó el muelle de las lágrimas flojo, muy flojo. Estoy segura de que a mi yo de veinte años le avergonzaría verme llorando sin ningún pudor por las tonterías por las que lloro.

Para mí lo peor de todo con diferencia es el cine y la televisión porque lo paso fatal. He dejado de ver dramas. Radicalmente. Antes de ser madre alguna vez me ponía alguno porque, como muy bien sabe mi hija, llorar a moco tendido relaja mucho. Relaja y te deja el cutis estupendo siempre que no nos pasemos de frenada y entremos en modo sapo congestionado. ¿Ahora? Ya lloro suficientemente por chorradas, gracias, como para ponerme dramas para llorar a propósito. ¿Estamos locos o qué? No tengo ganas de apropiarme las desgracias ajenas, así que he decidido que sólo veo cosas de acción porque me resultan entretenidas y comedias o películas románticas que me devuelven la fe en el ser humano. Sí, vale, la vida real tiene más de drama que de comedia, pero prefiero hacer la del avestruz e ignorarlo. Así que veo cine en el que me pueda reír o las típicas películas que a los diez minutos de estar en el aire ya sabes cómo van a acabar. A mí esto nunca me ha importado: yo quiero que acaben bien y lo que me interesa es cómo lo logran. No me gusta que se pongan creativos y hagan un giro de guión que dé al traste con su felicidad. ¡Vamos, hombre! ¡Ni por casualidad!

La televisión es mucho más imprevisible porque los motivos para llorar te aguardan acechantes detrás de cada esquina. Yo dejé de ver *House* en su día por su afición a hacer enfermar niños e incluso ¡matarlos! ¡Pobres niños! No podía verlo sin que me entraran unos hipos tremendos y me corrompiera por dentro. Pero es que ya no es eso, es que veo un concurso en el que una madre y una hija ganan algo juntas y lloro. Un anuncio emotivo, y a lágrima viva. Un documental en el que alguien pierde algo y me caen los lagrimones. ¡Las noticias! ¡Niños sin hogar, inmigrantes, de todo! Es un sinvivir.

Mi único placer culpable es ver todos los años la lotería de Navidad. El soniquete de los niños de San Ildefonso me pone nostálgica y me lleva a mi infancia. Y lloro. Lloro como si no hubiese un mañana porque me gusta ver a la gente feliz. ¿Lo mejor? Que no me gusta la lotería y no suelo gastarme un euro, así que no tengo absolutamente ninguna posibilidad de ganar nada. Pero el chute de endorfinas de ver a la gente contenta merece la pena. Es sin duda el día en que veo los telediarios más a gusto porque sé que básicamente va a salir gente diciendo lo contenta que está, los agujeros que va a tapar, lo repartido que ha estado y los tópicos de costumbre. ¡Es tan tierno!

Mi problema con los lloros suele estar en que se presentan cuando menos me lo espero, así que no siempre puedo darme el gusto de hacerme un *Frozen* y dejarme llevar. ¡*Let it go*, suéltalo…! Ahora que mis hijas son mayores se parten de risa cuando me ven llorando desconsolada. No puedo decir que sea porque no están acostumbradas a verme llorar sino porque lo hago tanto y por tantas cosas que no me toman en serio. No las culpo: he llegado a llorar en películas de dibujos animados en momentos carentes de todo dramatismo. Pero estaréis conmigo en que cuando estás ahí, sorbiéndote el moco y tratando de aguantar los lagrimones y tus hijas se asoman desde la butaca de al lado revolcándose de la risa, ¡no es serio!

# La madre que crees que quieres ser no existe

«... Y todos en la calle Wisteria pensaban que era una esposa y madre perfecta; todo el mundo, excepto su familia».
Mary Alice Young, *Mujeres desesperadas*

Si a cualquier mamá de las que conozco les preguntara qué tipo de madre quiere ser, apuesto a que la mayoría me dirían que una buena. Todas, absolutamente todas las madres, quieren lo mejor para sus hijos. Sin excepción. Diferirán en los medios para lograr este objetivo pero todavía no conozco a una que me diga «yo quiero que mis hijos lo pasen fatal y que se conviertan en atracadores de bancos», así por elegir una profesión chunga al azar. Te has pasado nueve meses con bombo, te quedan cicatrices y una tripa colgandera que lo atestiguan. Has estado mucho tiempo durmiendo menos que Kiko Rivera de *tour* y aunque a veces te hubiese gustado tirar a tu hijo por el balcón de pura desesperación no lo has hecho porque resulta que, ¡albricias!, lo quieres. ¿Cómo no vas a querer lo mejor para tus hijos? Una buena madre es la que busca que su criatura esté bien y no le falte de nada, económica o emocionalmente hablando.

El problema es que los modelos de madre que nos presentan los medios no tienen mucho que ver con las madres reales que puedes encontrar en una ciudad cualquiera. Es verdad que cada vez se da más visibilidad a la maternidad real pero si en general a las mujeres se nos exige mucho, a las madres ni te cuento. Y muchas veces de manera velada.

¿A quienes añaden por defecto a los (infames) grupos de *whatsapp* de los colegios y guarderías? ¿A quiénes preguntan por qué los niños no han llevado lo que se les pidió a clase? ¿Quién se suele asumir que compra los regalos de los cientos y cientos de cumpleaños que tienen los niños? No hay una lista de tareas escrita en ningún sitio que diga que eso tiene que hacerlo la madre, pero o mi entorno es muy raro o mi sensación es que la mayoría de las veces de estas cosas se acaban ocupando las mujeres. Son sólo unos ejemplos y, por supuesto, cada vez hay más hombres que prestan atención a estas cosas, pero mientras ellos son unos padrazos por ocuparse de dichas tareas y reciben palmadas en la espalda por preocuparse tanto, en nuestro caso suele darse por hecho sin más. Así es de injusto.

Las mujeres que se presentan en las series, películas, reportajes de las revistas generalmente suelen responder a dos modelos:

**La súper madre triunfadora.** A las revistas les encanta mostrarnos madres que triunfan en la vida. Mujeres que llegan muy alto en sus profesiones y que también parecen ser unas madres de diez. «Mengana de cual, CEO de la empresa X, madre de tres hijos, se levanta a las seis de la mañana y está todos los días para acostar a sus hijos porque para ella es muy importante estar con ellos. Luego trabaja hasta las doce un poco más en casa». Y tú en ese momento te sientes pequeñita, pequeñita porque tu sensación es de que tu trabajo no tiene nada de glamour y no mandas nada. A ti te viene justo para recoger a tus hijos del colegio todos los días y más de un día has acabado yendo tarde (un día incluso te olvidaste de ir a buscarlos y pasaste la vergüenza del siglo cuando te llamaron, a ti, no a tu marido). Que tú llegas un día las diez y ni trabajar, ni peli, ni mantita, ni sexo, ni nada: te vas durmiendo por las esquinas. ¿Cómo lo harán?

**La madre perfecta.** Una suerte de Bree van de Camp en *Mujeres desesperadas* capaz de tenerlo absolutamente todo bajo control. La madre de los años 50, abnegada esposa, dulce madre, entregada a su hogar. Y existen, ojo. Posiblemente escondidas, agazapadas, esperando un día de debilidad para salir entonces mostrándote lo perfectas que son. Ésas nunca aparecen durante esos cinco minutos en que consigues que tus hijos estén impolutos, tranquilos, sin gritar y adorables. Llegan cuando estás en pleno brote, con la vena del cuello hinchada porque tu hijo se ha tirado la leche encima justo el día que necesitabas que estuviera perfecto para una celebración familiar, o cuando ya no quedan más camisetas limpias del uniforme del colegio. Ese día que vas pillada de tiempo porque os ha costado tres horas poneros en marcha y vas poco menos que arrastrando a tu prole porque vais a llegar tarde al colegio o al trabajo. Cuanto más despeinados vais (a veces cepillarnos el pelo está sobrevalorado) más rectos llevan los lazos sus hijas y más intrincados son sus peinados. El día en que eres zen no te la cruzas; siguiendo la ley de Murphy sólo te encuentras con ella cuando tu panorama no podría ser peor.

Lo cierto es que ninguno de los dos modelos es real. La súper madre necesita ayuda, siempre. Si no estás tú con los niños tendrán que estar en una actividad o con otra persona. Las horas del día son las que son, las mismas para todo el mundo. Aún no se ha inventado el multiplicador del tiempo y, oh, sorpresa, todos contamos con 24 horas, ni una más ni una menos. Si dedicamos 12 a trabajar nos quedan otras 12. Matemática básica. Podemos hacer las combinaciones que queramos, pero el resultado siempre será el mismo.

Y es que a estas alturas de la película a nadie le sorprenderá que digamos que la conciliación en nuestro país es tan rara como el cuerno de unicornio. La madre que ha triunfado mucho en su trabajo, lo más normal es que haya tenido que tragar un montón de sapos. Toda gran decisión conlleva una renuncia y los que nos vendan lo contrario mienten como bellacos.

## Cosas que se dicen en los trabajos de nuestro país

DICEN: «Uy, cuanto trabaja Fulanito… ha venido a las siete y se va a las diez. ¡Es un currante! ¡Ojalá todos fueran como él!».
QUIEREN DECIR: «Si no estás en el trabajo calentando la silla no eres nadie».

DICEN: «¡Enhorabuena por tu embarazo!».
QUIEREN DECIR: «¿Vas a ir al médico mucho? ¿Y la baja maternal? ¿Trabajarás mientras estás cuidando a tu bebé? ¿Por qué nos haces esto? ¿Es que la empresa es menos importante que tu familia?».

DICEN: «Se me ha ocurrido una idea fabulosa. A las seis nos reunimos y os la presento».
QUIEREN DECIR: «Yo soy el jefe y pongo las reuniones cuando me da la gana».

DICEN: «Vale, cógete la media jornada».
QUIEREN DECIR: «Cógete la media jornada pero vas a hacer el mismo trabajo y vas a cobrar la mitad».

DICEN: «Mañana hay que ir a Valencia ¿te lo comenté?».
QUIEREN DECIR: «Si tienes planes es tu problema, que para eso te pago, apáñatelas».

DICEN: «Has bajado tu rendimiento».
QUIEREN DECIR: «Ahora que tienes hijos ya no soy yo tu única prioridad, así que mejor me busco otra esclava que me lo ponga más fácil pero que esté dispuesta a cobrar la misma m… de sueldo».

Así nos va. Y que no aprendemos.

# ¿Qué me pasa, doctor?

«Si el trabajo es salud, que trabajen los enfermos».
Popular

En tu época anterior al nacimiento de tus hijos, la enfermedad era algo que pasaba a veces. Agarrabas un resfriado porque el aire acondicionado estaba muy alto en verano, pillabas la gripe en invierno o te sentías mal porque la noche (y el alcohol, pequeño detalle sin importancia) te confundían. Lo normal, vamos. Sin embargo, es tener hijos y vuelve la enfermedad a tu vida por la puerta grande. No de una forma grave (al menos por lo general), ni de una manera muy intensa, pero sí a todas horas. O sea, que dicho en román paladino, vais a estar con pequeñas pijadas constantemente y no sólo los niños, también los adultos. Daos por… fastidiados. Con la letra jota.

Los niños se ponen malos. Unos más y otros menos, pero entre eso y las revisiones periódicas te da la sensación de que tu vida transcurre (muy despacio) en la consulta del pediatra. Ahora toca medir y pesar, luego tiene fiebre, después tocan las vacunas… Cuando no son pitos, son flautas. El caso es que si un padre medio está constantemente enfangado, ya ni hablamos de uno un poco hipocondríaco. Total, para descubrir que casi todo lo que le pasa a tu hijo es «un virus».

## Es un virus si...

— Tiene fiebre.
— Tose.
— Estornuda.
— Tiene diarrea.
— Le sale un tercer brazo.
— La cabeza le da vueltas como a la niña de *El Exorcista*.

Para mí que por defecto todo es un virus y por tanto el tratamiento es... ¡ninguno! Es como esto de la gripe que tarda en pasar una semana con medicación y siete días sin ella. Que tú vas toda angustiada al pediatra esperando que le dé a tu churumbel algo que lo deje como nuevo y sales la mayoría de las ocasiones con un diagnóstico de virus y la recomendación de que le des paracetamol o ibuprofeno, o como se dice en la jerga de padres, Apiretal o Dalsy. «Pues para este viaje no necesitaba alforjas», piensas tú.

Cuando los niños son recién nacidos y todavía no les has cogido el punto, sobre todo cuando te pillan de novata, la enfermedad es a veces un poco difícil de detectar. Hombre, si tose como un abuelo y tiene mocos hasta en el carnet de identidad va a ser que está enfermo, pero a veces los recién nacidos lloran y no sabemos por qué. ¿Tendrá hambre, sueño...? ¿Hambre y sueño a la vez? ¿Le dolerán las tripas? ¿Estará malito? Normalmente a la enfermedad llegas por descarte, cuando lo has probado todo y, sobre todo, por comparación. O sea, que si tu niño es un santo varón y de repente llora como si no hubiera un mañana durante mucho rato, te preocupas mucho más que cuando tu hijo de natural llorón protesta.

Porque sí, todos los niños lloran pero unos más que otros. Normalmente con el tiempo acabas pillándole el tranquillo a tu criatura. Eso sí, a veces nos la cuelan. Un día tu hija está llorando mucho más de lo habitual y como si la estuvieran matando. Ese día te preocupas y piensas que ha de ser por algo extraordinario.

Toda la noche en vela, sin que haya manera de que se calme…, y es pisar la consulta del médico al día siguiente y tu bebé es todo sonrisas y gorjeos de pajarito. Es lo mismo que les pasa a los ordenadores: para arreglarlos sólo hay que colocar un informático en los alrededores para que de repente, por arte de magia, comience todo a funcionar estupendamente. Como eres humana, te alegras de que no le pase nada a tu bebé (faltaría más) pero al mismo tiempo te acuerdas de su madre, que eres tú concretamente, por la nochecita que te ha dado.

De todas maneras el *greatest hit* cuando apenas tienen unos meses es «que tiene cólicos». Llora a todas horas, tiene cólicos. Por la tarde está raro, tiene cólicos. Está inquieto, tiene cólicos. Los cólicos son a los recién nacidos como los virus a los mayores. Todo es culpa de ellos y además no tienen solución.

En cuanto los niños son más mayores la dificultad para saber si están malitos disminuye. Si tu Daniel o tu María, que habitualmente se mueven más que el diablo de Tasmania, de repente están tirados en el sofá sin moverse…, malo. La mirada brillante y ese aspecto lánguido como de Dama de las Camelias te hace sospechar al minuto. Lo tocas y arde como una estufa en invierno… Mal asunto. Los niños, además, tienen unas fiebres espectaculares, sin reparar en gastos. ¿Para qué vamos a tener décimas pudiendo tener un fiebrón ahí, como está mandado? ¡Es mucho más divertido hacerlo a lo grande, dónde va a parar!

La capacidad de mejorar de los niños es bestial: tu criatura estaba hecha unos zorros, pero le das la poción mágica (a.k.a. Apiretal o Dalsy) y de repente revive como Lázaro. ¡Es una cosa alucinante! Además les ocurre algo que los científicos del mundo no han sabido explicar: algunos niños cuando toman medicinas se aceleran como si trataran de recuperar el tiempo perdido. Parece mentira que hace nada estuvieran muertos matados porque en un momento los ves ahí, corriendo totalmente *on fire* y pretendiendo jugar con sus juguetes a las tres de la mañana.

¿La mala noticia? Tus hijos se recuperan de cualquiera de sus virus tan campantes. Un día así, raritos, lánguidos, con fiebre y mocos y al día siguiente, como nuevos. Aquí no ha pasado nada.

La mala noticia es que tú no tienes su sistema inmunitario y lo que ellos han pasado en dos días mal contados a ti te deja fuera de juego durante una semana. ¿Las gripes que pasabas antes de ser madre? Naderías comparadas con esos virus de guardería que llegan y te dejan tumbada. ¡Yo no sé de dónde narices salen! ¿Son las guarderías en realidad laboratorios que se dedican a engordar los virus para acabar lentamente con las familias como parte de una estrategia? ¿Es parte de una conspiración mundial? No lo sé, pero jamás he estado tan hecha polvo como esos años en los que cuando no era una cosa era otra. Y además, enferma en modo madre, que es la mayor porquería que existe.

Si eres tú la que está hecha polvo sólo puedes pensar en la de cosas que tienes que hacer y en los cambios logísticos que tu estado conlleva. Tu pareja obviamente tiene que sustituirte, pero a veces ni siquiera eso es suficiente para apañártelas. Y luego está el hecho de lo complicado que es poderte meter en la cama, descansar y olvidarte del mundo. A los niños les cuesta hacerse a la idea de que no te encuentras bien y claro, sus perennes ganas de jugar son incompatibles con tu estado como de resaca pero sin haber bebido ni una gota. Cuando estamos malas querríamos dejar temporalmente de ser madres y convertirnos de nuevo en hijas sufrientes a las que hay que cuidar. Una baja médica, pero de madre. Ya. Claro.

Si los que están malos son los niños es igualmente un horror. Y ya no hablamos de enfermedades graves, que eso son palabras mayores y pocas bromas aceptan, sino de esas cosas que incapacitan pero poco. El sueño de cualquier niño es tener la típica enfermedad chorra que impide ir al cole pero te permite estar estupendamente jugando en casa. O sea, básicamente algo con lo que estés más o menos pero que te dé un día extra de vagueo máximo y mimos. Al menos así lo recuerdo yo. De niña apenas caía enferma y suspiraba por quedarme un día en mi casa con justificación, en mi cama, leyendo y viendo la tele. Luego no eran así ni de lejos porque para que mi madre me dejase en cama tenía que estar mala, pero mala de verdad, así que me metía en la cama medio agonizante.

Cuando tú eres la madre entiendes a la tuya porque sabes lo condenadamente complicado que es apañártelas cuando tienes a un niño malito. Vale: está enfermo, CLARAMENTE enfermo. Además lo que tiene es contagioso, así que tú, que eres una persona responsable y con dos dedos de frente, sabes que no puedes llevarlo al colegio de ninguna manera. ¿Pero, qué narices haces?

**Opción 1.** Tu pareja o tú gastáis un día de vacaciones, esos que atesoráis como Gollum porque pretendes verlos algo en Navidades, estar con ellos en verano y en un alarde de optimismo poder coger algún puente para no tener la sensación de vivir para trabajar.

**Opción 2.** Uno de los dos trabaja en casa así que se queda con la criatura. Haciendo como que trabaja, claro, porque intentar hacerlo con un peque por ahí danzando es complicado de narices. Cada uno tiene su receta mágica: la mía, ponerles un vídeo con episodios de los Osos Amorosos en bucle. ¡Qué puedo decir! ¡Cada uno se las apaña como puede!

**Opción 3.** Buscáis a alguien que se encargue de ellos, generalmente los sufridos abuelos, sin los cuales no sabríais cómo sobrevivir a la maternidad. La opción de que sea alguien externo a la familia ya no es que sea cara, que también, es que tampoco puedes irles dejando tus hijos a cualquiera, así, alegremente.

No todas las enfermedades, además, se llevan igual. Hay algunas que son como de la familia porque las han pasado tantas veces que ya te sabes la pauta perfectamente. Mi hija mayor sufría de otitis crónicas así que ya ni me preocupaba, sabía lo que tenía que hacer y me lo tomaba con filosofía. La ventaja es que alguna que otra me pegó, así que sabía que ni siquiera eran especialmente dolorosas por más que todo el mundo le augurara un dolor casi apocalíptico. En cambio, había otras cosas que yo llevaba horriblemente mal porque sin ser más graves me descolocaban por completo, como por ejemplo, los vómitos. Para una familia con hijos con tendencia a vomitar aquello era algo cotidiano, pero en las contadas ocasiones que nos pasó yo me quedaba petrificada. Más porque no sabía muy bien qué hacer que por el ascazo máximo. Cuando te conviertes en madre te dejas de chorradas, seas lo escrupulosa que seas. Eso de a las tantas de la madrugada ponerme a cambiar sábanas medio dormida, duchar niñas, y luego tratar de quitar el pestazo ese que se agarra y que no hay manera de quitar es algo con lo que no puedo. Sólo es superado por esos vómitos tipo aspersor en el coche, que ahí sí que puede estar oliendo meses. La ventaja de las enfermedades viejas conocidas de la familia es que todos, incluyendo los afectados, las llevamos de otra manera, como con más alegría.

Y luego están las enfermedades de niños, esas que asociamos a la infancia directamente pero que resulta que como adultos también podemos pasar. Y las hay de todo. Las corrientes, como el sarampión, varicela, paperas, rubeola..., que hemos oído toda la vida. Las *vintage*, como la escarlatina, que tú pensabas que era una enfermedad así como de *Mujercitas* y que eso ya no se pasaba. Y, sobre todo, las de nueva generación que debieron pillar al encargado de ponerles nombre así como de vacaciones ¿Qué diantres es eso de la quinta enfermedad? ¿Cuáles son las cuatro anteriores? ¿Y el síndrome mano-boca-pie? ¡Venga, va, seguro que podéis hacerlo mejor!

En todo caso, estaréis conmigo en que las enfermedades ¡mejor bien lejos!

# El día en que hagan una petición para conseguir días de 28 horas la firmo ¡fijo!

«Una petición es una forma de provocar cambios. Básicamente busca el apoyo de muchas personas para pedirle a un destinatario que haga algo. Con la potente herramienta de peticiones *on line* de *Change.org* puedes ponerte en contacto con más personas y provocar más cambios que nunca».

Manual de uso de *Change.org*

En estos tiempos que corren los seres humanos hemos encontrado una manera mucho más eficiente de quejarnos de las cosas que la tradicional de salir a las calles y armar ruido: Internet. Al asfalto sólo se sale ahora a participar en cualquiera de los cientos de carreras populares que se organizan día sí y día también para felicidad de todos los *runners* de la vida. El ruido en las calles sólo lo hacen ya las charangas de las despedidas de soltero, con su entrañable pene en la cabeza, su adorable muñeca hinchable o su elegante novio disfrazado de Dios sabe qué cosa llena de buen gusto. Esto es así. Ahora protestamos por Internet, que es mucho más cómodo. ¿Que tu compañía aérea te ha dejado tirado en un aeropuerto? Pones una queja donde corresponda mientras te quitas la legaña del ojo desde la cocina de tu casa. ¿Que el servicio de atención al cliente de aquello que compraste el otro día pasa de ti? Los pones a caldo en Twitter en un momentito y sin despeinarte. ¿Que cualquier cosa que dicen los demás te indigna? Pues nada, a echar sapos y culebras por la boca oculto en el anonimato. Total, la gente de detrás de la pantalla es ¿de mentira?

Una de las herramientas que más me fascina es *Change.org,* que ahora se ha convertido en el buzón de quejas que está más a mano de todo el mundo. Se abren peticiones constantemente: algunas con mucho sentido y razón y otras un tanto peregrinas. Un día iniciaré yo una para que Michael Fassbender se deje de tanta tontería y se venga conmigo. ¡A ver si *equismil* firmas le convencen de que soy lo más de lo más! Lo cierto es que siempre me pregunto ¿y luego con esas firmas, qué carajo hacen? Porque yo no veo al señor Change Org dirigiéndose silbando a casa de Fassbender con el fajo de firmas en plan *Hay una carta para ti*, el programa aquel viejuno que presentaba Isabel Gemio. Simulemos la conversación.

—Oiga, Señor Fassbender, que hay una loca en España que dice que quiere estar con usted y treintamil dicen que sí, que estaría bien y esas cosas —dice un jovial y siempre amable señor Change Org.

—¡Oh, me acaba de convencer usted! ¡Treinta mil entusiastas no pueden estar equivocados! —contestaría Fassbender loco de entusiasmo—. Deme el teléfono *ipso facto* que la llamo ahora mismo para declararle mi amor eterno.

Yo no estoy muy segura de cómo va, pero me apostaría dinero a que así exactamente no. ¡Aunque por si me equivoco estoy por abrir la petición ya mismo! El caso es que diariamente te llegan peticiones de todo tipo y como todos somos un poco solidarios de pacotilla aquí lo firmamos todo: la petición que abrió tu amiga Laura que tiene alergia al pelo de los animales y pide que nada de perros en el metro y la de tu amiga Isabel que pide que los perros correteen por las playas sin problema. ¡Aquí todo se firma! Eso sí, con una cuenta fantasma porque tú muy solidaria sí, pero odias el *spam*.

Hay una petición que creo que todas las madres y padres que conozco firmarían y sería una como ésta:

«Rogamos a quien corresponda que implemente los días de 28 horas a la mayor brevedad posible. Hemos pensado que con 24 horas nos viene muy justo para hacer todo lo que tenemos que hacer, ¡no llegamos! Si trabajamos sin fin, perdemos un montón de tiempo en los desplazamientos, aspiramos a estar con nuestros hijos y dormir algo (lo de 8 horas sería un plus, pero ya si eso lo pedimos en otro momento) no nos queda nada de tiempo para no hacer... Nada. O para dedicárnoslo a nosotros de vez en cuando, que nos lo hemos ganado. Por eso, los abajo firmantes solicitan que se amplíe la duración de los días hasta 28 horas por lo menos».

En los tests absurdos que hacían las revistas que leía cuando tenía veinte años una de las preguntas recurrentes que hacían era la típica ¿A qué animal te pareces más? Y según tuvieses el día o el momento, elegías entre una fiera como el tigre, un sensual caballo o un inteligente delfín. A estas alturas de la vida, casi toda la gente que conozco con hijos si fuese honrada tendría que elegir el conejo, por el espécimen blanco de *Alicia en el País de las Maravillas* que no hacía más que correr y correr. Lamentablemente, nada que ver con su ansia sexual. Más quisiéramos, pero nuestra realidad es otra.

Los niños pequeños son adorables, los amamos con locura, nos los comeríamos a besos, daríamos la vida por ellos..., y al mismo tiempo son tremendamente absorbentes. Nadie que no haya estado un día y otro día y otro con un recién nacido se hace a la idea de lo agotador que puede ser. Yo recuerdo haber ido a firmar la excedencia de mi segunda hija con lágrimas como puños cayendo de mis ojos. Me quedaba a cuidarla porque ella me necesitaba, porque podía pagarlo y porque consideraba que era lo mejor... Y al mismo tiempo hubiese matado por ir a trabajar ¡para descansar! Las madres estamos llenas de contradicciones. Por supuesto que el amor de mis hijas es lo más, pero eso no quita que haya días en los que me gustaría perderme en un bosque lejos de la civilización y olvidarme de todo el mundo.

## Frases que no hay que decir nunca

- «Jo, que bien, una excedencia. ¡De vacaciones! ¡Qué envidia!».
- «Pues como no trabajas podrás levantarte a la hora que quieras, ¿no?».
- «¿Y cómo está todo hecho un desastre si estás todo el día en casa?».
- «Ya no quedan madres como las de antes. Las de ahora sois unas flojas que no podéis con nada».
- «Estarás súper descansada ahora que no tienes que ir al trabajo».

Citando a Fernando Fernán Gómez: «¡A la mierda! ¡Váyanse a la mierda!».

¡Tanto *runner* y tanta maratón! ¡La vida de las madres es lo más parecido a una carrera contrarreloj y de las chungas, que al acabarla no te dan ningún trofeo, ¡ni una triste palmada en la espalda, de hecho! Y da igual que tus hijos ya sean un poco más mayores: sigues corriendo como si no hubiese un mañana. Tu día comienza levantándote como un resorte para intentar sacar de la cama a tus niños que yacen medio desnucados. Sí, esos que cuando eran bebés no te dejaban dormir media hora seguida acaban mutando en marmotas imposibles de levantar. Prepara desayunos, intenta espabilarlos para que se vistan a un ritmo razonable, para que se laven, se peinen y para salir de tu casa a una hora prudencial. Llévalos al cole, resistiéndote a la tentación de lanzarlos en marcha para salir escopeteada al trabajo. Ahí, rinde como si fueras una superheroína, come a salto de mata, llega a la hora de recogerlos, llévalos a extraescolares, juega con ellos, ayúdales con los deberes, cocina, acuéstalos y muérete un rato en el sofá. Da igual que haya cosas que no hagas (en mi caso, los deberes, que no les ayudo por principios ¡yo ya aprobé la primaria!) y otras que tengas repartidas con tu pareja al porcentaje que sea… El resultado es que llega la noche y literalmente te desmayas en el sofá. ¿Televisión para adultos? ¿Qué es eso? ¿Leer? ¡Pero si leo dos páginas y me duermo! Encontrar de nuevo el hueco para ser tú, para ocuparse de más cosas de las que hay que hacer necesariamente para que tu casa no se caiga de porquería o para que haya algo para comer en el frigorífico cuesta. Y conste que hablo de las cosas básicas: ya nos hemos encariñado de la pelusa que se ha hecho fuerte en el pasillo y la cebolla pocha que nos sonríe con emoción cuando abrimos la nevera para descubrir que ya podemos echarle imaginación si queremos comer hoy.

Creo que los escasos de tiempo somos mayoría y aplastante, además. Aunque luego siempre hay quien te hunde en la miseria, lo quieras o no. Tengo una amiga que sospechamos que es biónica: es autónoma, trabaja quince horas al día, atiende a sus hijos, va al gimnasio y además sale por ahí a darlo todo con la misma energía que cuando tenía veinte años. Es maja, y tengo que quererla, que para eso es mi amiga, pero si no sería para odiarla.

... O lo mismo ha encontrado a quién dirigir la petición para conseguir días de 28 horas y la muy maldita roedora no ha compartido el secreto. Que todo puede ser.

# Creando recuerdos

«Nunca es demasiado tarde para tener una infancia feliz».
Tom Robbins

¿Cuánto es lo más atrás que puedes viajar con tus recuerdos? Como nos enseñaba la película *Del revés* (una preciosidad, para quienes no la han visto), nuestra mente es incapaz de recordarlo todo. Olvidamos. Sólo algunas cosas pasan a nuestra memoria a largo plazo. A mí ya me fastidia, pero los dos recuerdos más antiguos que tengo corresponden a dos momentos angustiosos de mi primera infancia. El primero tiene que ver con una función infantil en la que yo era la protagonista. Recuerdo los ensayos con horror porque me moría de la vergüenza. ¡Quién me ha visto y quién me ve! Debía de tener unos cinco años por aquel entonces. El segundo es ligeramente anterior. Ocurrió el día de mi cumpleaños, cuando cumplía cuatro años y sé el día exacto porque he tirado de hemeroteca. Una niña que se llamaba exactamente igual que yo y que tenía mi edad cayó en un pozo en el Pirineo oscense y a pesar de todos los esfuerzos no pudieron rescatarla con vida. Todos mis familiares estaban bastante angustiados porque no tenían muy claro si era yo y no había *whatsapp* ni redes sociales para tranquilizarlos. Yo obviamente de la noticia no me acuerdo, pero recuerdo perfectamente como si fuera hoy mismo el sueño que tuve aquella noche. Era yo la que estaba en un lugar oscuro, un sitio por el que caía como la madriguera del conejo de *Alicia en el País de las Maravillas*. Me acuerdo del miedo, de la angustia y sobre todo de que había unos gigantescos metros de costura que imagino que simbolizaban la profundidad del lugar. Es increíble la mente humana.

La verdad es que así hablando pronto y mal, vaya porquería. Mi recuerdo antiquísimo está muy bien para dejar impactada a la gente pero en el fondo es de un mal rollo terrible. No me acuerdo de los besos que me daba mi madre, ni de si tomaba pecho, biberón, papilla o qué. No recuerdo que me hicieran cosquillas, ni que me achucharan a morir. Tuve una infancia super feliz pero las cosas de las que más me acuerdo fueron precisamente los momentos de angustia, de miedo, de enfado. Hay que fastidiarse

Me acuerdo…

—De lo que me enfadé cuando me destrozaron el cubo de Rubik que me había hecho el padre de una amiga (ojo, cuando no había tutoriales de *YouTube* y tenía mucho más mérito la cosa) y que yo guardaba en plan reliquia incorrupta.

—De lo que odiaba de un modo totalmente irracional y de siempre una canción que se llamaba «Porrompompón Manuela». No la podía soportar. Imagino que de ahí viene mi disgusto por ese nombre ahora que vuelve a ponerse de moda, no lo sé.

—De la vergüenza que me dio hacer una cosa concreta en clase cuando tenía seis años. Yo me quería hacer pequeñita y desaparecer pero… no ocurrió.

—De un día que mi madre me quiso tirar un peluche porque no le hacíamos caso alguno y por el que yo no sentía un especial cariño. Para evitarlo nos pusimos mi hermana y yo a bailar como descosidas el «Juntos» de Paloma San Basilio, como buenas niñas de los ochenta que éramos.

Pues sí que estamos bien. ¡Qué maja nuestra memoria! ¡Y eso que yo era una feliz de la vida! De las cosas buenas mantenemos un recuerdo así como vago, muy general que nos hace saber que tuvimos una infancia buena y que en realidad no podemos quejarnos y, por contra, de lo que se acuerda una con viveza, con pelos y señales es de todo lo chungo. Está ahí con lápiz y papel, preparada para llevar las cuentas del mal y en algún momento sacarlo a pasear. Yupi. Súper justo todo. ¡Pero..., espera! Con la edad que tienen mis hijas seguro que están ahí ya, anotando en su debe y haber particular las cosas que sí y las que no. Creando recuerdos y lo que es peor, ¡es que hace días de eso! Nada tan terrible como caer en la cuenta de ello.

Es curioso porque cuando eres la madre, cuando estás en el otro lado, de lo que te acuerdas es precisamente de lo contrario. Yo no me acuerdo por qué me enfadé con mi hija hace tiempo, pero me acuerdo perfectamente de la sensación de despertarme junto a ellas cuando eran bebés, de cómo olían, de darles besos por todo el cuerpo como queriéndomelas comer. Recuerdo los ojos brillando de la emoción de mi hija mayor cuando dimos su primera fiesta de cumpleaños y me dijo que había sido el mejor cumpleaños del mundo... Y paro porque me voy a poner tonta como siempre. Como madre que soy me acordaré de su mejor yo... Y ellas recordarán las veces en las que me enfadé de manera irracional, los momentos en los que las decepcioné y cuando les creé traumas infantiles. Mira tú qué bien, qué justo todo. Si yo me aplicara mis propios consejos (cosa que por supuesto no hago), tendría un bote en el que iría echando papelitos con los momentos divertidos, anécdotas y bromas para que luego podamos acogernos a ello cuando seamos juzgadas, especialmente en la adolescencia. ¡Ya estoy tardando!

Es realmente curioso lo que cambian las cosas cuando eres tú la que está al otro lado. Será que al ser, supuestamente, los responsables, los que al menos aparentemente estamos al mando, relativizamos muchas cosas. Seguro que dentro de muchos años ellas me echarán en cara ciertas cosas que he hecho o he dejado de hacer y además fijo que lo hacen con un punto de mala leche. Pero es que es imposible acertar siempre y al final no puedes vivir pensando en que se pueden traumatizar. Total, lo harán igual, así que es mejor no darle demasiadas vueltas.

Es cierto que hay distintas formas de educar a los niños. Hay multitud de tratados escritos al respecto, sobre lo que hay que hacer y sobre lo que no, que te enseñan cómo ser mejor padre pero sin terminar de ponerse en tus zapatos. La verdad es que por más que hayas leído, por más que tengas las ideas claras en la teoría todos hacemos lo que buenamente podemos, con la mejor de las intenciones además. Cada uno somos como somos y cuando eres padre sueles tener ya unos años a tu espalda. Pretender que alguien cambie radicalmente es una utopía: si eres una madre que tiende a la sobreprotección puedes trabajar para dejarle más margen, pero jamás serás una madre despreocupada del todo. Con mis amigas Leticia y Verónica a veces bromeo porque ellas son unas intensas y yo una feliz de la vida. Cuando ellas se ponen profundas, yo les salto con una broma y ellas a mí me hacen pensar cuando se ponen filosóficas. La verdad es que es genial que tus amigas te aporten cosas y que desde la diferencia seáis compatibles. Vaya aburrimiento si todos fuésemos iguales. Pues esto, al educar a nuestros respectivos hijos, se acaba reflejando, claro que sí. Ellas le dan importancia a unas cosas a las que yo no se la doy y viceversa. ¿Quién es la mejor madre de las tres? Pues para nuestros hijos seguro que la madre que tienen, entre otras cosas porque no han conocido otra. Esto es lo que hay: haber elegido muerte. Además todos vamos dejando trocitos nuestros en nuestros hijos ¡que no va a ser todo malo! No siempre en las cosas que nos gustaría, sí, pero nuestras al fin y al cabo.

A veces tendemos a infravalorar la influencia que tiene su propio carácter en la personalidad de los niños. Antes de ser madre pensaba que casi todo se educaba, casi todo se moldeaba. Lamentablemente, al tener hijas me di cuenta de que muchas de las cosas son de un modo concreto y de lo que logren con ello los principales responsables son ellos mismos. Fastidia reconocer que hay mucha cosa que viene cargada de fábrica. Mi hija pequeña siempre ha tenido las ideas muy claras: mi marido recuerda que lo primero que nos dijo la matrona que me atendió en el parto fue que vaya carácter tenía. Mi hija nació sabiendo perfectamente qué era lo importante para ella y cuáles eran sus necesidades. Ella quería estar conmigo. Punto. No hay más. Y así sigue, con las cosas igual de claras, para nuestra suerte o desgracia. ¿Mérito yo? Absolutamente ninguno.

En todo caso, en lo que se refiere a los recuerdos no hay que obsesionarse: ellos sólo van a recordar con pelos y señales las cosas malas, esas que nos harán sentir culpables pero, en el fondo, nosotras tenemos la sartén por el mango. Como no se acuerdan de muchas cosas siempre podemos utilizar las reuniones familiares para hacer que la venganza sea terrible y sacar todos sus trapos sucios. Yo todavía estoy pagando las rabietas que tuve con tres años; cada vez que viene a cuento (o no) mi madre saca a relucir mi arranques de ira y cuando me echaba a llorar como si me estuvieran matando allá donde estuviese.

Pues anda que no tengo yo para contar de mis hijas. Que se preparen. Ya se vengarán en sus propios hijos.

# Lo que echarás de menos y lo que no

«Lo mismo te echo de menos lo mismo,
que no te echaba de más».
Kiko Veneno

Cuando nos convertimos en madres tendemos a pensar de una manera romántica en esta etapa de nuestra vida. Creemos que atesoraremos para siempre todos los recuerdos, manteniéndolos vívidos en nuestra mente por los siglos de los siglos. Es la infancia de nuestros hijos. ¿Cómo vamos a olvidarla? Como os he contado antes, la verdad es que olvidamos. Y además, lo cierto es que las cosas se distorsionan cuando pasan por el filtro de la memoria. Es como cuando sueñas despierta sobre lo que hubiese pasado con aquel novio que te dejó o con aquel con el que nunca pasó nada y te quedaste con las ganas. En tu mente no hay peleas, ventosidades, ni tan siquiera pelos en la ducha. Todo es impoluto. Blanco. Te ríes echando la cabeza hacia atrás como hacen en las películas, anclada en una eterna juventud. Nuestra cabeza quita todo lo superficial y se inventa una realidad paralela en la que todo es perfecto. Y de eso nada, monada.

¿Recuerdas lo que te reías de tu madre o de tu abuela porque mezclaba los nombres de todos tus hermanos y primos? Pues asume que te va a pasar a ti también. Unos científicos de la Universidad de Duke llegaron a la conclusión de que no nos pasa porque estemos perdiendo neuronas a marchas forzadas (¡bien!) sino porque al parecer en nuestra mente los nombres se vinculan emocionalmente y por eso cuando vamos muy rápido los mezclamos. Pues ésa la primera. Luego descubrirás que también te pareces a ellas cuando veas una foto y a veces no tengas claro si es tu hijo mayor o el pequeño, o cuando confundas anécdotas de uno y otro. La primera vez que te pasa es de absoluto horror. ¡Pero si son mis hijitos del alma! ¿Cómo he podido olvidarlo? Luego los que se horrorizarán serán ellos ¿Cómo has podido confundirme con mi hermano? ¡Serás mala madre! Y no te quedará otra que agachar la cabeza y pensar que ya llegarán, ya, y lo entenderán.

Hay veces que la memoria ejerce de cortafuegos. Por puñetero instinto nos morimos de morriña cuando vemos a una embarazada con su tripita paseando a nuestro lado. En ese momento, porque está mal visto y no es plan, pero cogerías a tu marido y te lo tirarías ahí mismo con la esperanza de que te preñase. Así de crudo todo, pero es que son las hormonas las que hablan por nosotras. En ese momento sólo puedes pensar en una barriguita y en el posterior bebé adorable de ojos grandes que te mira con arrobo llamándote mamá. Una falacia. Es muy fácil idealizar esta etapa: estamos preparadas para ello. Si no fuera así y nos acordásemos de todo con precisión haría tiempo que la especie humana se hubiese extinguido. ¿Quién en su sano juicio se animaría a ello?

Porque aunque nuestros recuerdos lo dulcifiquen, el embarazo no siempre es maravilloso. Aunque el nuestro sea de los fantásticos, seamos serios, cuando estás a punto de dar a luz absolutamente todo el mundo está incómodo. La tripa te impide dormir como Dios manda, si te caes boca arriba no hay quien te levante porque pareces una ballena varada, no te ves los pies y tu movilidad está reducida. Tu bebé te oprime la vejiga y te da patadas en los sitios más incómodos. Tienes reflujo. Si es verano, casi con seguridad tus pies serán como los de Frodo Bolsón, enormes como los de un hobbit. Vale que te mueres de ganas de verle la cara a tu bebé, que disfrutas con la sensación de tener a tu peque dentro y que no se acaba el mundo pero, siendo sinceras, tendemos a idealizar el momento. Y qué decir si además tienes un embarazo malo, de esos que hacen que te hagas íntima de la taza del váter de la cantidad de veces que vas a vomitar, del reposo, de las contracciones, del miedo que se pasa pensando que puede ocurrirle algo malo al bebé, de las hemorroides como ciruelas, de la ciática, del infame dolor de espalda. De lo sensible que estás, que todo te afecta. Tu vida es una montaña rusa de emociones y pasas de la risa al llanto con una facilidad pasmosa. Para que luego te digan que «el embarazo no es una enfermedad». ¿Perdona? No lo es, es cierto, pero tampoco te encuentras como cuando no estás esperando a un hijo. Hombre, ya. Vale de vendernos la moto de que tenemos que ser supermujeres en todo momento.

Cuando tenemos a nuestro bebé en brazos tampoco es todo maravilloso. Se nos olvida lo que es sobrevivir con dos horas de sueño y a saltos, lo que es no entender qué diablos le pasa a tu bebé, lo que duelen los entuertos, la cochinada que es sangrar como un cerdo durante un montón de días después de dar a luz. Los miedos. Las angustias. El ¿lo estaré haciendo bien? Hay cosas que olvidamos para nuestro bien, unas muy rápido, casi sin darnos cuenta, y otras, más traumáticas, haciendo un gran esfuerzo por borrarlas de nuestra cabeza.

Hay cosas que sin embargo duele muchísimo olvidar, que no queremos hacerlo bajo ningún concepto. Y no son muchas veces grandes cosas, ni para el mundo parecen tener gran importancia. Pero para ti la tienen toda. Yo recuerdo perfectamente el tacto de mi hija durmiendo en el arco de mi brazo, bien pegada a mí. Esos movimientos a tientas, por la noche, reptando hasta mi pecho, notándolo medio dormida y aspirando su olor a bebé. Guardo la sensación de paz cuando hacía masajes a mi hija mayor cuando era apenas una recién nacida. Y me muero de pena pensando que todas estas cosas que son tan importantes para mí, mis hijas las olvidarán. Ya las han olvidado. Me consuela saber que de algún modo están presentes en la sensación de que «mi madre me quiere». Y gracias.

Es impresionante como la memoria es totalmente selectiva. Nos acordamos más de sensaciones que de hechos concretos. Aunque por pedir yo le pediría esto a mi memoria:

## Acuérdate de...

— El tacto de su mano cuando íbamos andando al colegio cantando canciones inventadas y tratando de no pisar las baldosas oscuras porque «el que lo haga es un calamar».
— La emoción de las primeras veces: el primer día de cole, la primera vez en el cine, la primera función. Esa alegría tan genuina, ese «estamos haciendo historia» (aunque sólo sea en tu familia) es algo que debería guardarse para siempre.
— Cómo se reían. Por todo. Por los chistes más malos del planeta, por las cosas que les dicen sus amigas, por las cosquillas, por las bromas que hacéis en casa. La risa de los niños es algo mágico.
— Su lógica aplastante. Cuando en un momento de hartazgo máximo les preguntas que por qué quieren estar contigo y no irse a cualquier otro sitio (como, por ejemplo, a freír espárragos un ratito) y te miraban para decirte: «Es que yo quiero estar contigo porque te quiero». Y punto.
— Lo que les gustaba ir desnudas. Cuando tengan quince años y se avergüencen de su cuerpo podrás acordarte de lo que les gustaba ir en bolas constantemente cuando eran unos micos.
— Lo genial que era tener excusa para comprarte los fantásticos álbumes ilustrados, o ir al cine a ver películas de niños. ¡Voy con mis hijas! ¡Les gusta a ellas! (Pero tú, en el fondo, sabes que a ti también te mola y que irías igual sin ellas).
— El momento de acostarlas. El cuento leído poniendo voces. Las canciones de cuna. Los ratos de cosquillas, abrazos, besos y confidencias.

## Olvídate de...

— Lo infames que eran los purés infantiles. Afortunadamente nunca vas a tener que volver a probar esa cosa asquerosa y que daba arcadas sólo de olerla.

— Lo que te molestaba tener la casa invadida por los juguetes. Después la tendrás llena de cacharros igualmente pero no tendrán tantos colorines.
— La terrible música infantil. Eso no lo vas a echar nada de menos. Cuando por fin puedes ir en el coche escuchando una música que os gusta a todos ¡sabe a gloria bendita!
— Lo poco que molaba tener el canal infantil en la tele en bucle.
— Esos virus infantiles que te dejaban hecha polvo un mes y a tu peque lo tenían tan campante en dos días.
— El hacer de taxista de un lado a otro.
— Las esperas eternas en la puerta del colegio.
— Lo que te enfadabas por cosas que vistas después te parecen auténticas tonterías.

En el fondo sabemos que nuestra memoria va por libre y se va a acordar básicamente de lo que le venga en gana. Para más inri además acabará convirtiendo cosas así, a priori no muy agradables ,en grandes recuerdos: cuando tu hijo era un bebé y se meó con tan mala suerte que hizo parábola y acabó bebiéndose su pis; el momento «Operación Pañal» contigo cantando canciones absurdas y aplaudiendo como si no hubiera un mañana el zurullito de tu peque (¡fiesta!); cuando las estabas bañando a las dos y de repente visteis lo que parecía una roca flotando y obviamente no tenía origen pétreo. Aunque ahora que lo pienso… A ver si va a ser que la escatología es la sal de la vida…

# El largo (y cálido) verano

«Corría el verano del 63. Todo el mundo me llamaba Baby sin que a mí se me pasara por la cabeza protestar. Esto fue antes de que mataran al presidente Kennedy, antes de que aparecieran los Beatles, cuando estaba deseando alistarme a las misiones y creía que jamás encontraría un chico mejor que mi padre».
Baby, *Dirty Dancing*

Los padres tememos y amamos la llegada del verano a partes iguales. La esperamos porque, aunque parezca que no, nosotros también andamos cansados. El año ha sido duro para todos y unos días de relax, aunque sea relativo, no le hacen mal a nadie. Y tememos que llegue porque las matemáticas no salen por ningún lado, lo mires por donde lo mires. A ti te han enseñado que si sumas dos y dos da cuatro. Bien. El problema es que sumas las vacaciones de dos... ¡Y no da para cubrir los casi tres meses de vacaciones de los niños de ninguna de las maneras! Ni aunque las gastéis todas los dos, salen las cuentas..., y esto supondría nada de vacaciones en verano, Semana Santa, y por supuesto *bye bye* coincidir con tu pareja por los siglos de los siglos (amén). Os reconoceréis por esas notas que os dejáis en la entrada y porque sabes que es él quien te deja sin sábana por las noches.

Así que en verano toca ser creativo. Muy creativo. Campamentos, colonias urbanas, talleres, y echar mano de quien pase por ahí: «Oye, que yo te puedo cuidar a las niñas esta semana» y aún no ha terminado de decir la frase que ahí las tiene a las dos, empaquetadas con un lazo. No queda otra. Dice el proverbio que para cuidar a los niños hace falta la tribu entera. La tribu y mucho dinero porque ¡madre del amor hermoso, qué precio tienen las actividades! Son tan caras que inevitablemente te preguntas: ¿pero me quedará dinero para ir a algún sitio?

Los abuelos son los que salvan la vida a la mayoría de las familias españolas. Lo mismo se quedan con los niños mientras trabajas que te ofrecen un hueco en la casa del pueblo. Seguro que hubo un momento en tu infancia en el que dijiste: «Jolín, vaya rollo venir siempre aquí de vacaciones». Porque es lo que tenía la casa del pueblo o el apartamento familiar: que acababas ahí los días de asueto durante muchos años. Unas veces te encantaba y otras estabas un poco hasta el moño por la poca variedad. Pero ahora que tienes hijos y menos, muchas menos, vacaciones que ellos das las gracias al cielo por su existencia: qué sería de ti sin ellos. De repente es el lugar más apetecible del mundo, sobre todo por su precio y la potencial presencia de canguros.

Cuando yo era pequeña nos dividíamos entre los que tenían pueblo y las que no. Yo siempre suspiré por uno, porque me parecía el culmen de lo idílico. Para mí que lo tenía idealizado: yo pasaba mis vacaciones en un camping que al final acababa siendo lo mismo. Los días eran eternos. Ahora pestañeas y te lo has perdido porque los días pasan a una velocidad de vértigo. En cambio cuando eres pequeño las vacaciones de verano son una eternidad en la que te da tiempo a olvidarte de todo, a desconectar e incluso a que se te haga largo. Ahora el verano se hace eterno, pero las vacaciones se te pasan en un suspiro. ¡Y es que no es lo mismo!

Mi infancia la recuerdo en bañador, a remojo todo el día y con las bicicletas de un lado para otro. Bien pensado, no es muy distinto de lo que viven mis hijas, con la salvedad de que ahora hay que tener mucho más cuidado, no vaya a ser que se las lleve una moto por delante. Pero las piscinas siguen siendo la gran diversión infantil. Horas se pueden tirar entrando y saliendo del agua, nadando, buceando y tirándose de mil maneras posibles. ¿En qué momento la piscina deja de ser tan divertida? Recuerdo salir arrugada como una pasa y con los labios morados de tanto rato que había estado y ahora si me puedo escaquear para no bañarme lo hago. Lo más curioso es que estos niños que no saldrían del agua son los mismos que durante el invierno tienes que perseguir como si fueras Benny Hill para que se den una ducha.

¿Y qué sería de un verano sin bicicletas? Hay cosas que no cambian. Nosotras organizábamos excursiones. Nos tirábamos días planeándolas, pensando a dónde ir, buscando vituallas, preparándonos..., para estar de vuelta una hora después a lo sumo.

—¿Pero ya estáis aquí? ¿No os ibais a ir muy lejos? —nos decía invariablemente mi madre cuando nos veía aparecer por la puerta.

—Ya... Pero es que llegamos y nos aburríamos.

Eso sí, las guarradas que nos habíamos comprado para reponer fuerzas por el gigantesco esfuerzo habían caído, como estaba mandado.

Los veranos no se acababan nunca. Nos lo pasábamos genial pero al mismo tiempo había momentos en los que nos aburríamos, como en esos ratos absurdos y eternos que había que esperar para hacer la digestión. Menos mal que en la sobremesa ponían las series más molonas y aprovechábamos para verlas en grupo. Un consejo: no las veáis de mayores porque se os caerá el mito rápido. La mayoría son infames y no han llevado nada bien el paso del tiempo. Aburrirse, de todas maneras, era necesario porque de los ratos de tedio más absoluto era de donde salían las ideas más geniales. Nosotras nos dedicábamos a construir casas. Unas telas, colchonetas, unas sillas, cuerdas y unos árboles para sostener el chiringuito y ya lo tenías. Con los años nos convertimos en auténticas expertas en el arte del *pop up*, solo que nosotras no lo llamábamos así. ¡En media hora teníamos la cabaña montada! Otras veces hacíamos ferias o jugábamos a diseñar cajas fuertes con los mecanismos más extraños del mundo. Eran geniales. Los niños de ahora odian el aburrimiento y cuesta mucho que se dejen llevar. Quieren estar permanentemente entretenidos, haciendo cosas y lo temen cuando, en realidad, podrían aprovechar las posibilidades que les ofrece.

En este país el segundo destino estrella en vacaciones es la playa. Y lo primero, la decisión ¿hotel u apartamento? Sin duda, cuando tienes hijos la parte económica del hotel es la más complicada porque o bien optas por hacinarte todos en una única habitación (que si está preparada, pues bien, pero si es una habitación normal con camas supletorias no vas a poderte ni mover) o coges dos y multiplicas el precio. De las familias numerosas, ni hablamos. Sus dificultades no son de este mundo. Y los apartamentos, muy bien, mucho más espacio pero se supone que te vas de vacaciones para descansar ¡no para hacer lo mismo que hacías en tu ciudad pero en otra casa!

Tú recordabas la cosa de bajar a la playa como algo divertido. El sol, la arena, los baños en el mar... Una bolsa, tu toalla y todo lo más algo para estar cómoda y ya está. Bajabas grácil como una gacela. Ahora, con familia, todo es mucho más complicado. Lo primero, embadurna bien de crema a toda la prole. Factor 50, y con media hora de antelación para que se absorba bien. Prepara las cosas. ¿Has cogido toallas para todos? Sí. ¿Bañador de recambio? Sí. ¿La sombrilla, colchonetas, bebidas frías, el cubo, la pala, comida y pañales para el bebé? Errr, no. Pues venga. Y bajas a la playa que necesitarías un trailer para transportarlo todo, tirando de los niños para que no se despisten demasiado. Menos mal que lo cogisteis en primera línea de playa.

—Mamá, la arena quema. —Pues vaya un descubrimiento, piensas para ti.

—Sí, cielo, sobre todo no te quites las zapatillas y vamos rapidito.

Como salir de casa te ha costado eternidad y media, cuando llegas los mejores sitios están cogidos. Es como intentar sentarte en el metro en hora punta: sólo puede ayudarte un milagro divino. Al final encuentras un sitio que está en la quinta chimbamba bien lejos de la orilla, así que te pasas el rato yendo y viniendo.

—Mamá, me quiero bañar. —Y allá que vas a echar un ojo, no sea que se te ahogue el churumbel.

—Mamá ¿hacemos un castillo? —Y das rienda suelta a la arquitecta que llevas dentro.

—Mamá, quiero un helado.

—Mamá...

¿Pero es que no tendrá padre, que siempre me llama a mí? Tú miras con rencor a esa pareja de jovenzanos que juegan despreocupadamente a las palas y piensas «ya tendréis hijos, ya». Porque tú lo que quieres no es que te entierren y sacar luego arena hasta de los lugares más ignotos de tu anatomía, ni tampoco meterte en el agua y no salir. La idea de ser la pesada que constantemente recuerda a sus hijos que «hace mucho que no te das crema» no es la que tú llevabas en la cabeza. Tampoco lo es intentar controlar a tus fieras para que no pongan perdida de arena a la señora de la toalla de al lado. Tú lo que quieres, sin ninguna duda, es tumbarte a leer o hacer un sudoku mientras escuchas música, pero ya no hay remedio: te has convertido en tu madre.

# El drama de la vuelta al cole

«Caminito de la escuela / pataleando hasta el final /
la tortuga va que vuela / procurando ser puntual.
Caminito de la escuela / porque quieren aprender /
van todos los animales / encantados de volver».
Cri-cri, *Caminito de la escuela*

No sé quién fijó que el principio del año sería en enero, pero desde aquí le digo que se equivocó de medio a medio. ¿Enero? ¿Estaban borrachos? ¡Eso no tiene ningún sentido! ¿Seguro que lo pensaron bien o fue al azar la cosa? Yo me imagino al responsable de tamaña tontería levantándose un día con resaca y un gran dolor de cabeza apuntando con el dedo un día *random*. Todas las familias del mundo saben que el año comienza en septiembre. De toda la vida de Dios.

Septiembre es el mes en el que nuestras vidas cambian. ¿Que quieres hacer un cambio vital? No lo haces en mitad de, por decir algo, mayo. Te esperas ya a septiembre porque total el verano es el verano. En nuestro país el verano lo paraliza todo y con cierta razón porque cuando uno está achicharrado en lo más sesudo que puede pensar es en cómo bajar a la piscina lo más rápido posible. Cuando dicen que en los países nórdicos esto o que en los anglosajones lo otro yo les invitaría muy amablemente a tratar de dar clase o trabajar en España en cualquier sitio que no tenga aire acondicionado. Que de todas maneras no sé dónde están esos suecos y alemanes que dicen que trabajan mucho en agosto... Posiblemente estén teletrabajando desde una playa de Mallorca.

Hasta que tuve hijas, septiembre era básicamente mi mes de vacaciones. Me sentía super transgresora y un poco *punky* yéndome de vacaciones cuando las familias volvían y pensaba: «No sé que le ven todos a agosto, con lo genial que es irse cuando no hay nadie». Años más tarde lo descubrí: lo que le veían las familias se llama colegio. Una vez que estás en el momento colegio, tus vacaciones serán como las relaciones sexuales cuando tienes hijos: planificadas, cuando se puede y con poca espontaneidad.

—Cariño, ¿y este año dónde nos vamos de vacaciones?

Se hace el silencio. Tu Avelino repasa mentalmente los sitios posibles:

—Pues... Disney ni de coña, que o reservas en febrero o cuesta a doblón. En PortAventura hemos estado dos veces, la playa no te gusta a ti, a mí no me gusta la montaña y las niñas dicen que de irnos de viaje cultural ni hablar.

—Mmmm... —Mal rollo, piensas.

—¿Y esto cuándo sería?

—Pues yo tengo quince días por un lado y una semana por otro. Mi jefe se marcha la segunda de julio y Paco se ha pedido la primera de agosto. Además se tiene que quedar alguien de guardia. ¿Y tú?

—Justo lo contrario. Además hay que contar con las vacaciones de mis padres, que son los que nos hacen la cobertura cuando tú y yo trabajamos.

Lo que yo digo, te vas cuando puedes y al precio que sea, que suele ser carísimo. ¡No ibas a tener tanta suerte! Y en septiembre sueles estar como una campeona de vuelta porque toca preparar la vuelta al cole y la del bolsillo. ¡La leche! ¡Lo carísimo que es todo! En ese mes sientes lástima por tu pobre tarjeta de crédito que parece que tiene diarrea, la pobre.

Los libros del colegio. En esto suele haber dos tipos de madres (o padres, aquí que cada uno se aplique lo que toca), las cagaprisas que lo han dejado todo encargado en junio y los que van a última hora y las prisas las tienen porque no llegan. No suele haber término medio. En mi caso soy un poco agonías y me gusta tenerlo todo bajo control, así que no paro hasta que sé seguro que ya está solucionado. Cada vez que veo la factura me dan ganas de echarme a llorar, eso también. Los libros de texto deben de estar hechos de oro puro a juzgar por lo que valen. Entre eso y lo que cuesta el material escolar casi acabaríamos antes si mi sueldo lo ingresaran en una gran superficie: nos evitaríamos intermediarios.

Con el material escolar tengo una extraña relación que por lo visto comparte más de una de mi generación. Cuando yo era pequeña era todo muy austero. Los cuadernos, básicos; los estuches, sencillos, y no había tanta variedad como hoy en día ni de coña. Cuando salía algo un poco novedoso era motivo de fiesta y objeto de deseo. Recuerdo el enamoramiento que llevábamos todas con los estuches de *Pelikan* de dos pisos, los bolis aquellos que tenían varios colores (cuantos más mejor) y los papeles de carta olorosos. Sí, en aquellos años escribíamos cartas, a mano, y los papeles para hacerlo los coleccionábamos incluso. Yo miraba el escaparate de esa tienda de mi barrio en la que comprábamos todo con cara de flipe porque había cosas maravillosas y no siempre fáciles de encontrar. Lo querías todo y todo no podía ser porque era carísimo, así que cuando por fin caía algo en tus manos sentías una euforia difícil de contener.

Ahora tienes de todo y más. Doscientos mil cuadernos con todos los motivos que quieras, bolígrafos de todo tipo y color en cualquier establecimiento, pero en cierto modo, la niña de los ochenta que llevas dentro sale cuando tienes que preparar el material de tus peques. A tu hija no le produce ningún asombro que las cosas sean tan chulas, ni el placer de entrar en una tienda de material de papelería y que puedas llevarte muchas cosas sin darle vueltas a si te llegará el dinero, pero a ti sí. Es emocionante como ir a un parque de atracciones. Así que ese momento de preparación de las cosas para el curso siguiente tiene un poco de noche de Reyes y otro poco de dios-mío-se-chutan-vaya-precio-lleva-todo.

La parte de los uniformes escolares es mucho más prosaica. Ahí sólo hay que aflojar la mosca y eso le quita mucha emoción al momento. Quienes los odian dicen que llevar uniforme es alienante, que ir todos iguales es el mal y que es carísimo. Yo, que soy de las que están a favor, creo que no son tan caros porque son indestructibles (mi hija lleva mi falda de cuando yo era pequeña, sin ir más lejos, que ha sobrevivido en plan reliquia incorrupta; estoy convencida de que en las excavaciones de siglos futuros acabarán apareciendo piedras y uniformes escolares mezclados), que me evitan un montón de discusiones y que yo los llevé y no me generó ningún trauma. Es más, acabas por tener síndrome de Estocolmo, porque mira que era fea la bata que llevábamos (tenía el estampado típico de los pescaderos) pero cuando la cambiaron recientemente me dio hasta pena. Afortunadamente hay colegios que llevan uniforme y otros que no, así que no hace falta sufrir y cada uno elige lo que más le gusta. ¡Para qué vamos a enfadarnos por un quítame ahí esas pajas!

Lo único que sí que rogaría a los que los diseñan es que se dejen de historias: un uniforme no se trata de que sea bonito o feo, sino práctico, y los experimentos, con gaseosa. ¿Qué es eso de hacer una camiseta con un tejido que se engancha? ¿Quién fue el iluminado que mezcló blanco y rojo en una sudadera? ¡Pecheras de colores claros, no! Mi objetivo no es que mis pimpollos estén preciosas con su uniforme, sino que estén medianamente cómodas y que consigamos que lleguen a la mitad de la semana con una cierta limpieza. Cierta. Tampoco vamos a pedir peras al olmo. ¡Con que no vengan con pinta de haberse rebozado en el barro antes de salir yo me conformo!

Septiembre se te pasa preparando ropa y forrando libros porque además, como ahora los libros vienen partidos muchos de ellos en tres tomos, el día que tienes que ponerle plástico a todo puedes acabar con tendinitis. Eso y la tediosa tarea de marcarlo todo, libros, cuadernos, rotuladores y pinturas, una a una. Pero antes de llegar el momento en que vas con tus cosas flamantes, a estrenar, casi oliendo a nuevo, hay que pasar las cinco fases del duelo del fin de las vacaciones.

## Fases del duelo

**Negación.** «No, no, no es posible que el verano haya pasado ya ¡si hace cuatro días estábamos con las rutinas OTRA VEZ!».
**Negociación con la realidad.** «Estos días no voy a hacer nada más que estar en la piscina con el culo a remojo para que las horas se pasen más lentas».
**Depresión.** «Vaya porquería. Todo el año soñando con las vacaciones para que se pasen en un pispás. La vida es un asco».
**Ira.** «¡Si es que todo lo bueno se acaba pronto!».
**Aceptación.** «Pues no queda otra…».

Da igual los años que tengas. Tanto adultos como niños pasan por lo mismo, con la diferencia de que los adultos lo vivimos con nuestro triste mes si somos afortunados y quince días si no. Los niños tienen mucho tiempo para mentalizarse porque un verano infantil sigue durando una eternidad.

Los padres no vivimos todos igual la vuelta al cole de nuestros hijos. Algunos odian tanto como ellos la vuelta a la rutina y disfrutaban con el ritmo sosegado del verano, estén trabajando o no. En cambio, otros, especialmente los que tienen auténticos problemas de logística, le hacen la ola a la vuelta a los horarios y a la normalización de las rutinas.

Pero vamos, que lo mismo te da, que te da lo mismo. Septiembre es implacable y va a pasar te guste o no. En cuatro días se os va a olvidar a todos que hubo una vez un tiempo en el que las horas pasaban lentas y uno no estaba sometido a la dictadura de los horarios. Así que relájate y disfruta. Que para lo que te queda…

# Complejo de taxista

«Yo la conocí en un taxi, de camino al club…».
Osmani García, *El taxi*

Aquí donde me veis soy una madre con visión para los negocios: un día de estos me voy a poner un taxímetro en el coche y me voy a forrar. Las madres nos pasamos el día llevando a los niños de un lado a otro. ¿Salir a correr? ¿Para qué? ¡Será que no hacemos kilómetros al día!

Todo empieza en septiembre, cuando hay que cuadrar el sudoku de las extraescolares de los niños. Ríete tú de los malabarismos que tienen que hacer los políticos para tener listos los presupuestos del Estado. ¡Esto sí que es complicado!

Son varias las variables que hay que tener en cuenta:

**Lo que quieren los niños.** Está claro. El sentido común dice que ellos son los que tienen que asistir a las extraescolares, así que estaría bien que les gustase lo que tienen que hacer. Por mucho que nos empeñemos en el que el niño tiene que tocar el violín porque aunque te llames Pérez Martínez en realidad la tuya es una estirpe de violinistas como la de Paganini, si el niño dice que no toca, no toca. No hay nada más horrible que algo hecho a disgusto. Se nos olvida que a nosotros nos gustaba tan poco como les gusta a ellos que nos obligaran a hacer algo y quien dice ir a violín dice ir a visitar a esas tías del pueblo odiosas y con más bigote que Charlot que te sacaban unas patatas rancias para tomar el vermut. Sudores fríos te entran de recordarlo.

**Lo que quieren los padres.** Por lo general no suele tener mucho que ver con los deseos de los niños.

—Que no voy a inglés, que es un rollo, mamá —te mira tu bombón mayor con ojitos suplicantes después de haber evaluado cuál de sus dos progenitores era el rival más débil.

—A mí no me mires... Por mí no te apuntaba, pero negócialo con tu padre, que es el que quiere que vayas a toda costa. Yo bastante tengo con lo mío. —Te encoges de hombros. La quieres mucho, pero aquí cada uno hacemos la guerra por nuestro lado. Así es la vida.

—Papaaaaaaa, ¡por fa! —dirige esta vez las súplicas a tu parte contratante de la primera parte.

—Que no. Que tienes que ir. Y punto. —Ahí, inflexible, duro como una piedra, imaginando un futuro apocalíptico para su hija fracasando en la vida por no haber ido a la extraescolar de inglés con seis años.

En realidad, los padres, por lo general, quieren para sus hijos actividades que les aporten cosas. Música, dibujo, idiomas, deportes. Los niños lo ven todo mucho más fácil: lo que quieren es pasar un buen rato. Y ya.

**Lo que los padres pueden pagar.** Que ésa es otra. Tú querrías para tu Alejandro clases de conversación de chino mandarín, que es el idioma del futuro. El problema es que la academia que lo da está a tomar viento de tu casa y además cobran las clases como si en lugar de poner tinta común en las impresoras utilizasen sangre de unicornio. Y no tienes sólo a tu Alejandro, tienes también a tu Lucía o a tu Dani y tenéis dos opciones: 1) echáis a suerte cuál de tus hijos va a ser el cultivado (mientras rezas para que el resto no se conviertan en carne de los programas de telerrealidad de la tele) o 2) va a ser que no puedes pagar las clases de todos.

**A lo que puedes asistir.** Has encontrado las clases perfectas. Tienen un precio razonable, a tu hijo le apetecen, tu marido el intenso que mira hacia el mañana ha dado el OK, a ti que estás en modo zen todo te parece bien pero... ¡Mierda! Resulta que coincide con la clase de ballet de tu hija pequeña y por supuesto, no podía ser todo tan fácil, los lugares donde los imparten están a tomar viento el uno de otro. ¡No podía ser todo tan sencillo! Empiezas a echar cálculos mentales: ¿y si en lugar de ir en transporte público, que no llegas ni de coña, vas en coche? Para eso tendrían que salir de clase deprisa por la tarde, además de encomendarte a todos los santos para encontrar un hueco donde aparcar. ¿Y si la lanzas en marcha? ¿Será de mala madre? Miras a tu peque, que bonita es un rato, pero lenta..., también. No sabes muy bien cómo se las apaña para ser siempre la última que sale del colegio, toda primorosa, con su mochila, su sonrisa ¡y pisando huevos! Con la prisa que tienes! Un día ha tenido que esperar a su amiga, después la ha entretenido la profesora, después han venido unos extraterrestres y la han abducido... El caso es que jamás sale pronto del cole. Va a ser que con eso no puedes contar. ¿Y si hablas con la madre de Fulanita que también va a esa misma academia y haces un hoy por ti mañana por mí? ¿Hablo con los abuelos y los emplumo más? ¿Y nosotros? ¿Alguno de los dos puede ir a buscarlos, llevarlos, traerlos, ALGO? Sí, la cabeza está a punto de explotarte y, mientras, tus hijos no paran de decir: «Pues yo quiero», «pues a mí eso no me apetece», «pues no tengo ganas», «pues yo quiero lo otro». Vamos, ayudando.

Así que cuando por fin consigues cuadrar el puzzle de lo que va a ser tu vida los próximos meses no sabes si echar una lagrimita por la emoción y todo. Te vienes arriba: creas un cuadro a todo color para poner orgullosa en la nevera para que nadie jamás se olvide de lo que toca cada día. Estás orgullosa. Tus hijos están razonablemente satisfechos, tu contrario no rezonga demasiado, el presupuesto es razonable (barato no, pero a estas alturas te sientes satisfecha con tener que empeñar sólo un riñón. Al fin y al cabo comer todos los días está sobrevalorado). ¡Ole tú!

Disfruta ese momento de victoria porque vas a tener todo el curso para jurar en arameo por esa maldita hora en la que llevada por el optimismo creíste que ibas a llegar a todo. Pobre ilusa. Te va a pasar de todo:

**El tráfico nunca es tu amigo.** A veces te preguntas si contratan a coches para fastidiarte porque no es normal que a ciertas horas esté la calle como está. ¿Pero de dónde sale toda esa gente? ¿La gente no tiene casa? (Ejem, que sí, que tú estás también ahí, en el fragor de la batalla, pero tú no cuentas, leches). Pero eso sí: si vas en autobús el tráfico habrá ido lo suficientemente ligero como para que se te escape en las narices. Y no hay sensación más desoladora que verlo alejarse en el horizonte mientras eres consciente de que ahora sí que no llegas ni de coña.

**Aparcar, castigo divino.** En la puerta del colegio no hay manera de aparcar. Estacionar correctamente no te lo planteas. Primero, porque deberías ir media hora antes como mínimo para dar vueltas y más vueltas para encontrar algún sitio razonablemente cerca. Pero es que, segundo, con la de coches en doble fila que hay, muchos de ellos sin conductor, aquello puede ser una trampa mortal. Horas y horas pitando a ver si el progenitor de marras se digna aparecer para que lo haga tarde y con una pachorra pasmosa. ¡Ole ahí! Así que no te queda otra: llegas justa de tiempo y pides a alguien que te acerque a tus pichones al coche. Por supuesto durante todo el camino vas rezando letanías para que al llegar haya un sitio donde poder dejar a tus hijos con seguridad. Las cosas nunca son como en las películas, que llegan y paran en la misma puerta. Muy mal Hollywood por crearnos expectativas difíciles de cumplir.

**La ley de Murphy siempre se va a cumplir.** Da igual que todos los días estés como un clavo a tu hora y te toque esperar a tus hijos hasta sacarte de tus casillas. Has conocido caracoles más rápidos que tus hijas, que todo se lo toman con una pachorra infernal. Justo el día que vayas más lenta, que pilles atasco, que te hayas entretenido al salir del trabajo, ese día y no otro los astros se habrán alineado para que salgan más pronto que ningún día. ¡Y encima te echarán la bronca por llegar tarde!

**El mundo está lleno de imprevistos.** Cada vez que algo se salga de tu plan marcado sudarás tinta. Tu marido no puede recogerlos del cole hoy ¿y qué diablos haces? Ríete tú de los dispositivos de seguridad de la policía… En un momento te toca organizarlo todo, coordinarte con todos los efectivos disponibles y salvar la situación como buenamente puedes, generalmente con más pena que gloria. O ese día que te tocaba recogerlos a ti y se te ha olvidado totalmente… Estás por sacar el pañuelo blanco por la ventanilla como si hubiese una parturienta a bordo para ver si así consigues llegar a la hora, corriendo como si te fuera la vida en ello. Y te la va, de hecho. La imagen de tus peques esperándote con cara de pena con esas gigantes mochilas te mortifica y te persigue, sintiéndote lo peor, la madre más pésima del universo, pensando que en una de éstas te quitan la custodia. Y total que llegas, echando los higadillos por la boca, casi con flato, corriendo en plan madre coraje y te los encuentras tan felices con la madre de su amigo comiéndose esa palmera de chocolate que tú nunca le das y que ella ha improvisado, diciéndote que si no pueden quedarse con ellos un poco. Pequeños ingratos. Para compensar, tú miras a la madre de su amigo dándole las gracias telepáticamente.

De todas formas, lo peor de tener que vagar cual holandés errante por la ciudad por la tarde no es todo eso sino el intenso olor a pies que invade tu coche cuando metes a unos niños sudorosos después de haber practicado deporte. Que eso sí que no lo dicen en ningún manual.

# Los cumpleaños infantiles

«En la fiesta de Blas, en la fiesta de Blas,
todo el mundo salía con unas cuantas copas de más».
Fórmula V, *La fiesta de Blas*

Hubo un tiempo, y no hace tanto, en el que las cosas se celebraban como uno buenamente podía. Te casabas y organizabas las cosas como tenías a bien. Encargabas las invitaciones, te comprabas el vestido, decidías el sitio, restaurante y menú, comprabas los detalles para los invitados (generalmente un *pongo** de marca mayor), ibas, te casabas y poco más. Lo más complicado solía ser decidir hasta cuándo duraba la barra libre y si orquesta o DJ. Pim, pam, pum, bocadillo de atún. Sin grandes complicaciones, ¡hecho! Y con los niños, igual. Las fiestas de cumpleaños se celebraban en casa y nadie se preocupaba si la vajilla era bonita o fea. La duda era ¿pongo vasos de verdad o de los de plástico? Y si eran de los segundos ten por seguro que eran blancos y sin ninguna decoración. La vida era cutre, pero maravillosa, sobre todo porque a todos nos daba bastante igual. Como mucho querías una guirnalda para decorar o gorritos de estos de los de Nochevieja. No teníamos grandes expectativas.

* Todas esas cosas que te regalan y no sabes dónde ponerlas.

Pero llegó Pinterest a nuestra vida y la cagaste, Burt Lancaster. Ahora todas las celebraciones tienen que además de ser divertidas parecerlo porque ¡estamos en la Era Pinterest! ¡Cuánto daño ha hecho esta red social a nuestra vida! Muchas llevábamos a una cuqui dentro y Pinterest la ha hecho aflorar. El germen ya estaba, pero Pinterest lo puso sobre la mesa y nos crecimos. Nos retroalimentamos. Como en *Gremlins*, dimos de comer al bicho después de medianoche, lo mojamos y luego la cosa se convirtió en imparable. Pues con el mundo cuqui igual. Ya no tenía remedio. Nos habíamos metido de lleno en un camino sin retorno. *O-MAI-GOT*.

Porque todo empieza en plan: «Pues no me gustan mucho las invitaciones convencionales. Quiero algo más divertido, más *original*». Ahí tenéis la palabra clave, la madre del cordero, lo que lo desencadena todo. «Original». ¡Huid de ella! Empiezas por unas invitaciones originales, sigues por un vídeo poco visto, una tarta novedosa, unos regalitos sorprendentes... Y acabas contratando un *wedding planner* porque tu tiempo es limitado y no tienes tiempo para dedicarlo a esos berenjenales. Y quien dice berenjenales dice chorradas, pero tú te autoconvences de que todas estas cosas son súper necesarias. Imprescindibles. Básicas.

Primero fueron las bodas y luego se extendió a los cumpleaños de los niños. A ver, que te has currado una boda preciosa y todo el mundo lo ha visto ¿Cómo vas a hacer un cumpleaños para tu niño, que tiene dos años, normal, mondo y lirondo? Ja. ¡No puedes! ¡Tu religión (cuqui) te lo impide! Y tu cabeza comienza a maquinar. «Pues ya que compro vasos, ¿por qué no los compro de colores?» (porque cuestan tres veces más, so insensata). «Y en lugar de una guirnalda al azar ¿por qué no mejor una de la Patrulla Canina, que le gusta mucho?» (porque en el todo a un euro de debajo de tu casa no la tienen y te vas a volver loca para encontrarla, por eso). «Voy a comprar chuches, que les encantan, que total por un día». «¿Y cómo los entretengo?»... Total, que al final tu invito-a-algunos-amiguitos-a-merendar-y-ya se ha convertido en una fiesta temática de la Patrulla Canina, con *candy bar*, hinchables, un payaso y más invitados que el último cumpleaños de Kim Kardashian. ¿Cómo ha sucedido? Pues es que el cuquismo te ha invadido y no has sabido parar.

¿Y lo peor? Que tu hijo no se entera de nada y que le da exactamente igual que la guirnalda sea blanca o amarilla. Si le hubieses dado un paquete de gusanitos hubiese sido exactamente igual de feliz. Hay ciertas cosas que, asumámoslo, lo hacemos por nosotras y por tener unas fotos geniales. Esto es así y los pimientos son asados.

De todas maneras, preparar un cumpleaños en casa siempre ha sido deporte de riesgo. Hace treinta años ya lo era. Venían un montón de niños asilvestrados con ansias de cosas nuevas y dejaban la casa como si por ella hubiese pasado el diablo de Tasmania. Y claro, entonces tú eras la niña y te ibas a la cama feliz porque los que limpiaban eran otros. Ahora cuando se va todo el mundo es a ti a la que te toca apañarlo todo y esto no mola nada de nada. Así que en algún momento todos acabamos pensando en que o se hace en un territorio neutral tipo el jardín de casa, si lo tienes, o un local vacío que te presten o no montas más fiestas *Do-It-Yourself*. Mi punto de no retorno llegó el día en que había preparado un cumpleaños hasta con *photocall* (apedreadme, me lo merezco) y no se hicieron ni una sola foto porque prefirieron bañarse en la piscina hasta criar branquias como los peces. Ese día dije que no preparaba nada más, que me lo tenía merecido.

Cuando decides externalizar los cumpleaños tienes que encontrar el equilibrio entre originalidad (¡la palabra maldita! ¿Por qué? ¿POR QUÉ?) y presupuesto. Que tú querrías, cómo no, hacer algo diferente y no ir al parque de bolas pero claro, todos los padres de tu alrededor han hecho el mismo estudio de mercado y los sitios más geniales y bien de precio ya han sido descubiertos. Cuando son pequeños, la de aquél. Con jugar y estar con sus amigos les vale, pero al ir cumpliendo años los niños se vuelven más y más exigentes.

—¿Qué tal lo has pasado en el cumpleaños de María, cariño?

—Fatal. Una m… Las monitoras no sabían pintar bien las caras, la música un asco y era todo para pequeños.

Una gloria, vamos. Y lo que nos queda porque cuando están en modo preadolescente es así el cumpleaños de María, la película del cine, la serie de televisión, la excursión con el colegio, la ropa que le has comprado y así, por resumir, todo.

Así que montar el cumpleaños es complicado de narices porque donde tú quieres no les gusta y donde les gusta a ellos no te gusta a ti lo que cuesta. La negociación se prevé dura.

—Vale —dices conciliadora—, puedes hacerlo donde tú quieres pero si invitas a… —Haces tus cálculos mentales—. Mmmm…, siete.

—Pero es que tengo nueve.

—Pues quita a dos.

—¿Una de ellas puede ser mi hermana?

Sí, claro, están clarísimas las prioridades y tu hermana siempre sobra. Es una ley universal.

Aunque en el fondo tiene razón porque en el cómputo que les damos los padres ¿están incluidos los familiares?, ¿los hijos de los amigos de los padres?, ¿los compromisos esos que tu hijo no quiere invitar pero tú crees que es de ley? Y es que tienes que saber que, igual que en las bodas, vas a tener compromisos. ¿Invito a quienes quiero o a quienes me han invitado? ¿Qué diantres hago si mi churumbel es el más popular del colegio? En ese caso ya puedes dejarte un capital ahí en reserva para los cumpleaños de los niños. Quien dice capital, dice un riñón. Es cierto que era un rollo que cada niño llevara un regalo porque al final se juntaban en casa con un montón de chuminadas tontas: es mucho mejor hacer el regalo común y limitar el número de cachivaches. Pero al final el presupuesto es tan alto que se acaban comprando los típicos regalos que por enormes solo se recibían en la Primera Comunión cuando nosotros éramos pequeños. Así que los niños acaban por tener de todo y tú echándote a llorar cada vez que a tu hijo lo invitan a un cumpleaños.

Al final lo más sensato acaba siendo dejar que sea el niño quien invite y así echarle las culpas a él si alguien se mosquea. Sí, vale, es de mala madre total.

La otra pregunta es: ¿y están invitados los padres? Cuando son muy pequeños se sobreentiende que sí, tiene que haber alguien que vigile por si los niños se abren la cabeza y los profesores tienen práctica en esto de controlar a muchos, pero los padres no somos tan habilidosos e implosionamos si tenemos que vigilar a muchas criaturas que se mueven tan veloces como el Correcaminos. Si los niños son mayores se da por hecho que tú los dejas y te vas a hacer recados tan campante o a tirarte en el sofá sin más, que es una ocupación tan loable como otra cualquiera. Pero ¿y cuando los niños tienen esa edad indefinida en que ni contigo ni sin ti? A veces han dicho que sin padres, pero los padres se quedan. Y otras veces han contado con ellos y se van. Es complicado acertar. Lo mejor es lanzar al niño en marcha y marcharte sin mirar atrás, que una tarde libre no se tiene a menudo y ya lo dice la Biblia, hay que santificar las fiestas.

Si es el cumpleaños de un amigo, los niños están emocionados de la vida una semana antes. Si es el propio, prepárate porque pueden estar preguntándote que dónde, cómo y cuándo lo van a celebrar..., cinco meses antes. Hay cosas que, hayas nacido en los años ochenta o en el 2000, no cambian.

# Infravaloramos la clase de plástica

«La purpurina es el herpes de las manualidades. Antes de que te des cuenta se habrá extendido y será imposible de eliminar».
Oído en televisión

Cuando éramos pequeños, las clases las dividíamos entre las asignaturas importantes y las «Marías». Le dábamos una importancia tremenda a las clases de sociales, naturales, matemáticas, lengua… Eran las que tenían más materia para estudiar, las que nos obligaban a hincar codos y las que tenían los exámenes que más asustaban. A ellas se sumaron materias como latín, física, química, geografía, biología, literatura y otras con nombres así, pensados para imponer y matarnos de miedo. No a todos nos gustaba lo mismo y mientras unas estaban deseando perder de vista las lenguas clásicas, otras tachábamos los días que nos quedaban de clase de matemáticas como si fuéramos presos descontando condena.

Pero todos despreciábamos de algún modo «las Marías», esas asignaturas que venían como la santísima Trinidad en un pack de tres: música, dibujo y gimnasia. Las tres tenían algo en común. Pocas horas en el horario lectivo y que las tres se impartían de manera bastante más distendida que las asignaturas convencionales. Por lo general resultaban más divertidas (salvo los días que tocaba hacer el test de Cooper, esa tortura china a la que nos sometían en los 80-90 y que tenía como único objetivo que acabáramos vomitando) y nos gustaban porque podías hablar con tus compañeros, a veces hasta escuchar música... En fin, que en nuestra mente eran otra cosa porque incluso si eras más mala que arrancada, en ellas sabías que tampoco iba a pasar gran cosa.

Nosotros las subestimábamos mucho. Por alguna extraña razón considerábamos que en la vida nos iba a ser más útil conocer los límites de x cuando tiende a infinito, la velocidad a la que caes de un edificio de cinco pisos (mucha) o la segunda declinación del latín. Y, efectivamente, al matemático, las derivadas y las integrales le resultan de mucha utilidad; para el físico, las fórmulas son básicas para entender el mundo, y el especialista en historia antigua necesita saber latín para poder atacar en condiciones la paleografía, pero el resto de mortales que no estamos especializados en esas materias, en muchas ocasiones no volvemos a echar mano de ciertos conocimientos acumulados a lo largo de los años. Que no es que no haya que estudiarlos, ojo, simplemente es que en la vida diaria es más útil saber que si tienes un sueldo de 1.000 euros y le restas la hipoteca, la luz, el gas, el agua y si tienes la cochina costumbre de comer (¡cómo somos! ¡lo queremos todo!), lo que te queda es poco. Y así todo.

La cosa es que al final, manda narices, las cosas que más vamos a utilizar (de largo) son aquellas que nuestro sistema educativo ha dejado completamente de lado. Las tres Marías.

Pensadlo. Tal vez no necesitéis distinguir a Bach de Chopin, pero tener ritmo y saber entonar una canción es algo que nos viene bien casi todos los días. Les cantamos (o perpetramos, que todo depende) nanas a los niños. Bailamos «Soy una taza, una tetera» con los peques. Nos desgañitamos en el coche en los viajes largos cantando a grito pelado. La música forma parte de nuestra vida y queremos que también lo haga de la de nuestros hijos.

Eso sí, nos han vendido que tenemos necesariamente que escuchar músicas infantiles de gente con petos y camisetas rojas haciendo bailecitos para niños y esto no es así. Los niños son perfectamente capaces de disfrutar música con la que los adultos no nos queremos cortar las venas. La que nos gusta a nosotros o incluso música con letras para niños pero con músicas más elaboradas, rock, pop, indie. Sólo hay que buscar grupos distintos, que haberlos haylos. Y si escuchamos lo otro, que sea porque queremos, no porque «tenemos que» hacerlo.

La gimnasia, o como me corrigen mis hijas cada vez que lo digo, Educación Física, otra «María». Ahora que nos hemos vuelto todos *runners* y que echarse a las calles a correr como si fuésemos Forrest Gump está de moda, el deporte parece haber vuelto a nuestra vida. Durante el embarazo puede realizarse deporte perfectamente siempre que no sea de impacto. Personas que llevan años practicándolo no tienen por qué dejarlo de repente y conocemos casos de atletas de élite que han seguido practicándolo a alto nivel estando embarazadísimas. Hombre, tal vez no sea el momento de iniciarnos en el deporte extremo si todo lo que hemos practicado ha sido *sillonball* hasta la fecha. Pero podemos hacer yoga, gimnasia ligera o natación sin ningún problema.

Cuando acabas de tener a tu bebé no es el mejor momento de ponerte a hacer abdominales como si no hubiera un mañana (es más, está altamente desaconsejado). El cuerpo de la mujer recién parida suele ser un cuadro: los pechos enormes y doloridos por la subida de la leche, las ojeras de no dormir, el pelo que se cae a matojos... y esa barriga colgandera que nos adorna. Cuando estás embarazada esperas con emoción que te salga la tripa. Es, de algún modo, el signo de que todo va bien. Te has fiado de los test que dicen que estás embarazada, has visto las ecos, pero hasta que tu tripa no empieza a aparecer, tú no te quedas tranquila. Estas cosas locas que nos pasan... Al principio la barriga se luce con orgullo, te hace ilusión que sepan que estás embarazada y el segundo trimestre es el momento perfecto para ello. Antes se pasa por esa etapa tan extraña en la que no se sabe si te has puesto fina a comer y son unos kilos de más o, por el contrario, esperas un bebé (así que ante la duda ¡no preguntes!). Pero casi siempre llega un momento en el que estás hasta el infinito y más allá de tu barriga. Es ese momento en el que no sabes si has engendrado un hijo o te lo has comido porque te da ardor, te clava los pies por todos los sitios y juega al fútbol con tu vejiga. Y es que el tramo final del embarazo se hace eterno: tú quieres tener a tu hijo en brazos y que tu organismo se deje de leches. Incluso cuando sabes que será tu último embarazo, que estás mucho más dispuesta a disfrutarlo todo, ¡al final lo que quieres es que acabe! Y es dar a luz y verte ahí, con tu barriga como de cinco meses y pensar: «Vaya, yo creí que la tripa se iba con el niño, al dar a luz». Pues no. Ha bajado mucho, pero de irse, nada de nada. Entonces te vienen recuerdos fugaces en los que rememoras con cariño los movimientos de tu peque porque no somos idiotas, nos acordamos de lo chulo, pero de lo incómodo que era al final, no.

Hasta que pasa la cuarentena y nuestro médico se ha asegurado de que está todo bien no es recomendable volver a hacer ejercicio como tal para recuperar la figura. Hay que olvidarse de los cuerpos de las famosas que aparecen divinas de la muerte a los cuatro días: pensad que son las mismas que dicen que están así de estupendas comiendo de todo, durmiendo 8 horas y bebiendo mucha agua, así que o mienten o su metabolismo es distinto al de las mortales. Recién dadas a luz no es momento para empezar una dieta ni para matarnos en el gimnasio. Cada cosa a su tiempo.

Porque deporte vas a hacer a saco, como si estuvieras en los Juegos Olímpicos:

**Halterofilia.** Llevarás a un niño en brazos durante horas y horas.

**100 metros lisos.** Correrás detrás de ellos como si no hubiera un mañana.

**Gimnasia rítmica.** Ejercitarás tu flexibilidad doblando el espinazo constantemente para recoger un montón de cosas del suelo y lanzarás objetos para quitarlos del alcance de tus hijos.

**Fútbol.** Jugarás más con la pelota que en el resto de tu vida.

**Carrera de obstáculos.** Para no pisar los múltiples objetos que hay diseminados por el suelo de casa y que no tienes tiempo ni de recoger.

**Lanzamiento de peso.** Cuando aparezca tu pareja en casa y apenas haya puesto el pie en casa le lances al bebé como si fuera una bomba de relojería.

¡Jamás pensaste que esto de ser madre iba a ser tan agotador y que ibas a acabar con agujetas tantas veces!

Y la última «María»: la plástica. Esa asignatura maravillosa en la que no había exámenes y que consistía en hacer lo que más te gustaba del mundo, pintar y dibujar. Nunca nos la tomamos muy en serio ¡y la falta que nos hace a lo largo de la infancia de los niños! ¡Una carrera entera de Bellas Artes podríamos habernos sacado! La cosa empieza pronto, en la guardería de los niños. «Hay que hacerles un disfraz de hoja para el festival». ¿Y eso cómo se hará? ¿Con cartulina, con goma eva? ¡Yo que sé! Luego tus hijos te piden que les dibujes a Peppa Pig y te echas a temblar. ¡Pero si yo dibujo peor que un niño de tres años! Después vienen las manualidades, los libros y cuadernos viajeros y todas esas cosas que tienen que llevar al colegio. Tu casa parece un almacén de materiales de todo tipo: rollos de papel del baño, de cocina, cajas de quesitos, hueveras, papeles de todo tipo, rotuladores, pinturas, esa caja del paquete que mandaron el otro día. Te lo guardas todo por si de repente un día te dicen que hay que preparar cualquier cosa improvisada ¡porque en esto la ley de Murphy también rige y justo cuando necesites un rollo de papel acabarás de tirar el anterior!

Y lo peor es que los niños son tremendamente prolíficos. Durante sus primeros años pueden llegar a devastar ellos solitos el Amazonas. Un papel, un rayujo y un «¡mira mamá lo que he dibujado!». Los niños nos entregan como si fueran Picassos todas y cada una de sus obras artísticas y al principio te hacen ilusión pero llega un momento en que tu casa está inundada por manualidades y dibujos varios. El momento más difícil es aquel en el que tiras la primera obra de tu retoño porque es como si le estuvieras traicionando, pero más adelante tirarás de todo sin sonrojarte ni nada.

Que se le pilla el gusto rápido, ya os lo digo.

# Los lugares donde los niños se lo pasan bien son un infierno

«Yo he visto cosas que vosotros no creeríais:
Naves de ataque en llamas más allá de Orión.
He visto rayos C brillar en la oscuridad cerca de la puerta
de Tannhäuser. Todos esos momentos se perderán
en el tiempo; como lágrimas en la lluvia...,
es hora de morir».
*Blade Runner*

A todos no nos gustan las mismas cosas: depende de a quien preguntes te dirá que ir a Ikea la tarde de un sábado, pasar la mañana del domingo en un partido de fútbol infantil o ir a casa de la familia es una bendición... O la mayor de las torturas. Mi pequeño infierno en vida es ir al parque. Y es lo que os digo, seguro que hay a quien le encanta. También hay quien paga por ir a ver un concierto de Kiko Rivera ¡y es que en esta vida hay gente para todo!

Odio los parques. Muy fuerte. Me dan alergia, de la real y también de la figurada. Me pica la nariz por el polen. Me la froto y acabo pareciendo un payaso, me queda toda roja e hinchada. Me escuecen los ojos. Estornudo. Si ya me lo dice mi organismo: «¡Huye mientras puedas!». Y te dicen: «No, si estar al aire libre es sanísimo»... Y tú contestas con una mirada pretendidamente fulminante pero que con tus ojos llorosos queda un tanto ridícula.

Da igual la edad que tengan tus herederos, cuanto más odies el parque, más les gustará a ellos. Estoy segura de que Murphy teorizó al respecto. Cuando son pequeños, además, tienes pocas excusas para librarte porque es fantástico para estimular su motricidad, según dicen los expertos y tú, madre concienciada de la vida, quieres a un niño estimulado, está claro. ¡Va a ser menos tu hijo que el de al lado! Bueno, tal vez a las diez de la noche, cuando estés deseando tirarte en el sofá con encefalograma plano y esté estimuladísimo te acuerdes de la psicología, de los psicólogos y de sus familiares un poco mucho. Pero eso es otro tema.

Como es tan bueno, los colegios suelen tener un arenero para que los pequeños preescolares jueguen en él. Yo hace años que sospecho que todas las noches se acerca un camión de incógnito con arena para rellenarlo porque no es normal que mantenga su nivel invariable con la cantidad de arena que sacan nuestros churumbeles en la ropa. No se libra nada, ni los zapatos, que da igual de qué color fueran inicialmente porque vuelven todos blancos, ni los calcetines, ni por supuesto los bolsillos de batas, pantalones y chaquetas que vienen cargados hasta las trancas de arena y piedras de tamaños variados. ¡Alguna vez hasta tienen tierra en la ropa interior! Os lo digo, yo podría haberme montado en casa mi propio huerto urbano con la arena que han ido trayendo a lo largo de estos años.

Algunas veces tu hijo termina que parece que lleve toda una vida con la misma ropa encima. Un poco indigente *style*. Entre la porquería acumulada del arenero, las manchas de césped en las rodillas de caerse y los raspones con la goma del suelo de los columpios a veces te preguntas si no acabarías antes metiendo directamente en la lavadora a niños y ropa juntos.

Cada uno tenemos lo nuestro: a mí mancharme siempre me ha dado un asco infinito, especialmente con arena. Mi madre cuenta que cuando era un bebé la miraba con terror, levantaba las piernas y me quedaba quieta como esperando que acabara aquella tortura. De aquellos polvos (de arena) debieron venir estos lodos, digo yo. Sin embargo hay quienes no tienen ningún problema en meterse en el parque infantil y jugar con sus retoños y con todos los de alrededor.

En el parque se podría estudiar tranquilamente una carrera de sociología. Están los padres que no dejan a su hijo tranquilo ni dos segundos no-vaya-a-ser-que. Que se caiga, que tropiece, que tire a un niño, que coma arena, que coja una droga de esas de las que decían que regalaban en los parques (?), que... A mí me toca un padre de esos y en serio, me voy derecha a la Oficina de Asuntos Paternofiliales a borrarme de hija. Luego están los súper entregados, siempre rodeados de niños porque los adoran. Madres y padres que han hecho grupito porque bajan todos los días y que prestan atención así, en grupo. Los reconoceréis por el cerco de pipas alrededor de sus dominios. También están los que pasan de todo, que su churumbel está dándole cera a medio parque pero ¡da igual! ¡Son cosas de niños! (sí, de niños chungos cuyos padres no les paran los pies). Y luego está el que está solo en un parque con pinta de abandonado, que no conoce a nadie ni se relaciona con nadie. ¿Adivináis quién soy yo?

... Fallasteis. Yo soy la que mandaba al marido con las niñas y el cubito de playa y se quedaba en casa utilizando cualquier excusa. En nuestro reparto de tareas familiar esa le tocó a mi Avelino. Cualquier otra tarea (repito CUALQUIERA) la llevaba con más alegría. Desinfectar baños incluido.

El parque es un ecosistema en sí. La edad es como el rango en el ejército y no la puedes pasar por alto. Los adolescentes tienen sus propios lugares y nadie, incluidos adultos, osa acercarse por ahí. Los niños, ni lo intentan; ellos luchan con aquellos a los que pueden ganar. Siempre encuentras al de ocho que intenta colarse en la fila de niños de cuatro para beber agua en esa fuente en la que es imposible no ponerse perdido, ni beber más de tres gotas (¡benditos sean los botellines de agua rellenables!). ¿Y esos listos que tratan de abrirse paso a empujones por la escalera del tobogán y luego se quedan parados en la parte de arriba haciendo tapón? A los padres que están alrededor siempre les entra la duda de si intervenir y pararles los pies o, por el contrario, lo que hay que hacer es dejar que se las apañen por su cuenta para que no sean tan pánfilos y aprendan a no dejarse avasallar.

Respecto a quedarte en el parque, conforme crecen te toca negociar. «Hoy no nos quedamos, pero el miércoles sí» (y rezas para que el miércoles llueva a mares y no puedas cumplir tu promesa). «Venga, pero sólo quince minutos» (que tú ya sabes que serán 30, pero con que no sea una hora te conformas). «Vale, nos quedamos pero si cuando diga que nos marcharnos no protestáis» (no protestáis mucho, se sobreentiende).

De todas maneras, puestos a elegir: ¿qué prefieres? ¿Susto o muerte? ¿Parque exterior o interior? No lo tengo yo muy claro y creo que no hay respuesta buena. Hace poco abrieron cerca de mi casa un lugar en un centro comercial en el que los niños pueden ir a jugar. Hay unas estanterías con libros, unas mesas para dibujar..., pero sobre todo hay mucho espacio libre para correr y un tobogán. A mis hijas les encanta ir y aquí no puedo aducir alergia, así que me toca pasarme de vez en cuando. Aquello es la jungla: un montón de niños asilvestrados corriendo a grito pelado como si les persiguiera Godzilla, y sus correspondientes progenitores acogotados en unos pequeños bancos que hay en los laterales. Porque sí, es gratis, pero el peaje que tienes que pagar es que tienes que quedarte. Me pregunto por qué no regalarán una aspirina a la entrada porque invariablemente sales de ahí con un terrible dolor de cabeza.

Y oliendo a choto. Una de las cosas que más me maravilla de los lugares estos que son tipo parque de bolas es que la escasa ventilación acaba propiciando que se genere un olor muy característico. Algo así como a *Eau de humanité descalcé*. Los efluvios que emanan esos sitios sólo son comparables a los bares de fritanga de los que también sales con el tufo adherido a tu ropa.

En todo caso es verdad que hay madres muy fans de llevar a los niños a sitios así. Mi amiga Cristina me contaba que había logrado dar con un sitio donde por un módico precio le desfogaban a los niños mientras ella podía sentarse en el bar y trabajar con la *wifi*. Sus hijos se cansaban un poco (son de los que están siempre *a tope de power*) y ella podía cuidarlos por la tarde mientras adelantaba algo de trabajo. Lo que se conoce como un *win-win*.

Al hacerse mayores tienen menos ganas de acudir a sitios así. Y tú te echas a temblar pensando: «Por favor, que el siguiente paso no sea ir a los recreativos (si es que todavía existe de eso) y que las mías no sean unas de esas que deambulan por el centro comercial con pinta de chungas, que no podría con ello». ¡Ilusa de ti! No esperes que lo siguiente sea ir de museos o ir a la filmoteca a ver cine iraní porque la siguiente etapa es la que es y resulta aterradora: salir de discotecas por la noche. Una nunca está preparada para eso. Menos mal que eso empieza a los ¿treinta? ¡Mis hijas que no esperen salir de marcha antes!

# Tus hijos tienen más vida social que tú

«La noche me confunde».
*Dinio*

Hubo un tiempo, allá por la prehistoria (o algo así te parece) en que tú hacías más vida de noche que de día. Salías, como los búhos, cuando la noche caía y volvías al amanecer, con el rimel corrido, sudada y los ojos hinchados después de haberlo dado todo en la pista de baile o de haberte bebido hasta el agua de los floreros. ¡Qué noches aquellas!

En realidad, cualquier plan que se preciara ocurría de noche. No pisabas un cine antes de las 8 de la tarde ni muerta, quedabas a cenar, te ibas de concierto..., siempre con la noche como cómplice. Con un poco de suerte, si la velada había sido azarosa o se había alargado demasiado al día siguiente dormías la mona como una campeona y aquí no había pasado nada. A malas, muy malas, te ibas a trabajar habiendo dormido poco o nada, confiando en poder rascar en algún momento un ratito para poderte echar una siesta. Cuando se es insultantemente joven dormir es perder el tiempo y por aquel tiempo sostenías además la teoría de que si recomiendan dormir 8 horas cada día si un día duermes 16 y otro nada estás compensando. Esto es así. Pero es que con veintitantos eras incansable y tu capacidad de recuperación, realmente asombrosa.

Pero te conviertes en madre y comienzas a vivir la noche de una manera que no hubieses ni imaginado. Da igual que fueses de las que se bebía la noche y no encontraba el momento de volver a casa o que por el contrario fueras una de las que se retiraban a una hora prudente: no has vivido la noche de verdad hasta que tienes hijos. Es ahí cuando descubres que se puede sobrevivir durmiendo 3 horas y a trompicones. Y no un día aislado sino uno tras otro.

Si hicieran un concurso de quien tiene más sueño seguro que las madres de recién nacidos ganan por goleada. Es posible que en la tómbola del mundo hayas tenido mucha suerte y te toque un bebé de esos de los que duermen 8 horas seguidas a la semana de haber nacido (que existir, existen) pero lo normal es que si tienes algo de fortuna tu bebé duerma a trompicones y si no la tienes, que no duerma nada de nada.

No sé muy bien quién se sacó de la manga lo de «dormir como un bebé» como sinónimo de dormir plácidamente porque si algo no hacen los bebés es dormir bien, al menos según los patrones de los adultos. Les cuesta horrores conciliar el sueño porque cualquier cosa les perturba (un eructo, un pedo, cacas, los pinchos que parece tener la cama...) y cuando lo hacen tienen la costumbre de despertarse ochenta veces con la sana intención de comer. Que estaría muy bien si pudieran levantarse e ir ellos solos a la cocina en plan *self-service* pero bien sea en formato *tetabrick* o biberón requieren de un adulto para preparárselo. Y ese adulto o bien es tu pareja o bien eres tú. ¡Ah, se siente!

Nunca imaginaste que verías pasar las horas de la noche, una tras otra, deseando sólo poder cerrar los ojos y dormir. Ni sexo, ni fiesta, ni bebida, ni nada. ¡Dormir! ¡Y a poder ser sola! Que no es que no te guste dormir con tus hijos, sobre todo porque si eso implica dormir algo más (yo decidí que dormía semidesnuda de cintura para arriba y que mi hija se sirviera ella misma en plan barra libre de las bodas... Si era la única manera de poder pegar ojo, ¡que así fuera!) pero sueñas con un mundo en el que puedas desmayarte en la cama y hasta el día siguiente.

Estos meses, años de carencia vital de sueño afortunadamente se pasan porque ya no es que no duermas nada, es que estás tan agotada que apenas tienes vida adulta. Yo, que jamás en la vida he visto el momento de irme a la cama porque me encanta la noche me pasé casi tres años acostándome a las nueve de la noche. Ni pelis con mantita, ni juegos de ningún tipo, ni casi conversaciones adultas… Fue duro física y mentalmente. Es como si te dejaran sin ocio de ningún tipo, tú, que hace cuatro días estabas de fiesta sin límite.

Los primeros años de tus hijos son casi de arresto domiciliario, al menos en horario nocturno. De día puedes buscar maneras alternativas de incorporar a tus hijos y no morirte del asco, marchitándote como una planta pero el ocio nocturno es difícil lo mires como lo mires. Sobre todo porque la logística no es fácil. Para empezar ya no puedes disponer libremente de tu tiempo. Cuando no tenías hijos si te apetecía salir, salías, y si no, pues no. Pero cuando los tienes nada es tan fácil. Tienes que buscar a alguien que se quede con tus churumbeles, así que muchas veces vives en tu casa un *Tú a Boston y yo a California*. Tú de fiesta y yo con los niños. Tú con los peques y yo al cine. Es una lata porque al final si no quieres tirar de ayuda externa te toca jugar al gato y al ratón con tu pareja, ¡uno de los dos tiene que hacer de canguro! Cuando por fin conseguís escaparos juntos ¡casi ni os reconocéis!

La cosa de la vida social de los adultos mejora algo con el tiempo, pero la que va a crecer de manera exponencial es la de tus hijos. Entre cumpleaños y fiestas de pijama a veces te preguntas si tus peques tienen más vida social que tú. No te lo preguntes, la respuesta es claramente sí. Hasta primaria, lo de los cumpleaños y las noches fuera puedes más o menos controlarlo, pero hay un momento en que ocurre la primera ley de Pringles: «Cuando haces pop, ya no hay *stop*».

Hay muchos colegios en los que mientras están los niños en el jardín de infancia celebran los cumpleaños todos los niños a la vez, agrupados por trimestres. Eso hace que tengas un número limitado de fiestas y también de regalos. Pero es pisar primaria y hala, a lo loco: un no parar de fiestas con unos regalos que para mí los quisiera que te dejan la economía temblando. Casi ruegas por que tu hija sea una apestada y no tenga amigos para limitar el número de fiestas pero ¡no! ¡resulta que la invitan a todas! ¡A TODAS! Tú directamente te planteas si pedir a tu empresa que te ingrese la nómina directamente en los grandes almacenes, si salir a hacer la calle para ganar un sobresueldo o si convertirte en la madre rancia que va por libre con los regalos y los compra al por mayor.

Lo de los cumpleaños es la leche. Si no te invitan, hay que aprender a gestionarlo en casa porque algunos niños lo pasan francamente mal cuando se ven apartados. Es terrible que con seis años aquello ya sea un concurso de popularidad. Y si te invitan prepárate porque además de dejarte el sueldo en regalos te vas a echar unas risas con la logística.

El año tiene un número limitado de viernes así que cuando llegan las fechas en las que hay más cumples, generalmente la primavera y el otoño, hay que hacerse un *planning* en colores en casa bien grande y colgarlo en la cocina para poder apañarse y no llevar a la niña al chiquipark cuando la que tenía cumpleaños ahí era la otra, pero dentro de dos semanas.

¿Y cuándo es el momento para dejar a tus hijos que vayan a dormir a casa de sus amigos y para recibir visitantes en casa? Esta respuesta es fácil, cuando tus hijos te líen.

— Mamá, es que me ha dicho Menganita que me va a invitar a dormir a casa... ¿Tú me dejas?

— Cariño, ¿pero le habéis preguntado a sus padres si les viene bien?

—Mmmsssss... No —contesta con cautela.

—Pues ya sabes... Si no hay invitación, no hay salida fuera de casa.

Una de cada tres fiestas de pijamas se fraguan en los recreos, que funcionan como las sociedades secretas pero a la luz del día. Dos o tres niños se reúnen y ponen en común el plan para liar a sus padres.

Al final hay dos tipos de familias, las que están encantadas de recibir visitantes en casa y cualquier excusa es buena para liarse la manta a la cabeza y las que ni las organizan ni ven con buenos ojos que sus hijos duerman fuera de casa. Yo recuerdo lo divertido que era, así que claramente soy una de las primeras.

La logística de las fiestas de pijamas tiene poca ciencia: unos colchones en el suelo, palomitas, una peli y mentalización para asumir que tu casa va a ser sacudida por una especie de huracán Katrina y que no hay nada que puedas hacer para protegerte. Lo mejor es cuando puedes cerrar la puerta y dejarles que se apañen… Ya si tal, a la mañana siguiente recompondrás los pedazos de lo que quede de tu casa.

De todas maneras, piénsalo: te quedan dos telediarios para que no tengas ni idea de dónde están tus hijos de ocio, así que todo el tiempo que los tengas en casa bienvenido sea.

# Las excursiones infantiles

«El campamento es con mucho la mejor escuela para dar a los muchachos las cualidades de carácter».
Robert Baden-Powell, fundador de los Boy Scouts

Cuando eres pequeño una de las cosas que más te gustan del cole es cuando no tienes que ir porque vas de excursión. Es súper divertido dejar las aulas por un día y marcharte a pasar el día a donde sea. No hay deberes, tus profesores están de buen rollo porque no tienen que dar clase (y al contrario de lo que creen los niños, los profesores son personas y disfrutan igual que el resto de los mortales de un día relajado) y tú pasas mucho más tiempo con tus amigos en un entorno diferente. ¡Todo son ventajas! De lo de conocer cosas interesantes no hablamos porque la verdad es que todo eso te suele dar bastante igual. Lo llaman visitas culturales, pero cuando eres enano podrías prescindir tranquilamente de la parte cultural.

En el mundo de las excursiones cada vez se inician antes los niños, aunque las primeras que hacen suelen dar un poco de risa:

— **Al parque que está a diez metros a coger hojas.** Y luego vienen con una bolsa llena de tesoros que no sabes dónde leches guardar, o mejor dicho, cómo leches hacer como que los has perdido.

- — **A los comercios del barrio.** O sea, a ir a las mismas tiendas a las que van con sus padres, pero sin protestar y emocionados.
- — **Al recreo de los mayores.** El mismo que el suyo, sólo que se entra por otro sitio, pero ¡vaya excursión!

Dónde ir es lo de menos porque para que una cosa sea considerada excursión sólo necesita de dos básicos: una gorra y una mochila con viandas. La primera es básica porque da igual que se tengan que andar cuatro pasos u ochenta que si no llevas gorra no puedes ser considerado excursionista. «Anda ¡si por aquí paso todos los días!» .«SÍ, PERO HOY LLEVAS GORRA». La mochila es el segundo imprescindible. Tiene que ser enorme porque si no no cabe la mogollonada de cosas que les metemos. Agua como si se fueran al desierto de Gobi, un bocadillo para desayunar, otro para comer, guarrerías varias porque ese día de todos es sabido que no existen la obesidad, ni las caries... Mudas. Ropa de abrigo. De todo. Que luego están media hora por ahí, pero da igual, tú los mandas cargados por si se pierden. Da igual lo que suceda, ellos están preparados para cualquier tipo de contingencia que pueda ocurrirles. Y por supuesto, embadurnados de crema solar hasta el sobaquillo porque aunque estamos en enero y van a salir diez minutos, ¡nunca se sabe!

Que oye, salir tiene su complicación, no creáis. Mover a un montón de niños de jardín de infancia a los que se les va el santo al cielo no es sencillo, por no hablar de lo que cuesta conseguir que anden a una velocidad medianamente normal. El que haya ido con un niño de dos años andando por la calle sabrá lo condenadamente difícil que es que no pierdan el oremus con todas las distracciones que siembra la naturaleza a su paso. ¡La calle está llena de hojas! ¡De piedras! ¡De bichos! ¡¿Cómo no se van a parar?! ¡Si es que los adultos estamos tontos!

Sólo conseguir salir es todo un logro. Si es invierno, primero hay que forrar convenientemente a cada niño. Capas y capas de ropa, bufandas, gorros y de todo, tantas cosas que no pueden casi ni moverse algunos pobres. ¡En las excursiones con buen tiempo es todo mucho más fácil! Si son pequeños, coge mudas, pañales y todos los «por si acaso» del mundo. Un botiquín, porque si vais al parque seguro que alguno se cae y tienes que limpiar algún rasguño. Con sus madres no se caerán, pero contigo seguro. A la que estás preparado para salir tienes que volverte porque ya se ha pasado el tiempo.

Si son un poco mayores, una de las cosas que me fascina es el momento visita al baño que no puedes saltarte de ninguna de las maneras. Todos los niños, los veintitantos de la clase, tienen que pasar sí o sí por el baño, por decreto ley. En fila, y no se me dispersen, van todos pasando por el urinario para hacer pis o pos, según se tercie. Porque cuando a los niños les entran ganas de ir al baño les entran ya-de-ya y deja todo lo que estés haciendo. Imaginad el drama cuando esto sucede dentro de un autobús, o estando en un sitio sin baños. Así que te da lo mismo que tengan pis o que no lo tengan, ¡no hay excepción!

Las mejores excursiones son las que tienen autobús, dónde va a parar. Si tienes que salir de tu lugar de residencia ganan enteros por momentos. La escala de *molabilidad* de una excursión sería más o menos, en orden de menor a mayor:

—Visita andando a sitio donde tienes que comportarte.

—Visita andando a lugar donde poder estar asilvestrados.

—Salida cultural en autobús en tu misma ciudad con perspectiva de trabajo posterior.

—Salida cultural en autobús de la que puedes pasar de todo.

—Excursión a sitio peché-peché.

—Excursión a sitio molón.

Porque hombre, a todo el mundo le gusta ir de excursión, pero hay grados y grados…

Ir en autobús siempre tiene su aquél. Cuando yo era pequeña la mayoría de mis compañeros del cole venían en autobús y yo los envidiaba secretamente porque aquello me parecía la releche. Se contaban sus cosas, iban parando, luego estaba la señorita que no los dejaba moverse de los asientos y los tenía acogotados… Los habituales lo odiaban, pero ¡a mí me parecía súper emocionante! Los niños de ahora tienden a ir a los coles que están cerca de su casa, así que hay muchísimos menos autobuses escolares que hace unas décadas.

Ir en autobús (o autocar como decía mi abuela, que a mí me daba siempre la risa porque me sonaba rarísima la palabra) es una aventura. Lo primero era apañártelas para sentarte con quien querías porque el viaje se puede hacer largo si te toca al lado de gente que no te cae bien. Luego, intentar colocarte en la parte del autobús que más te gusta. ¡Siempre había bofetadas por coger los asientos del fondo o bien los que están al lado de la escalera del centro! Otra odisea era poner las mochilas en la repisa, a la que se llega fatal siempre. Y ahora, los cinturones de seguridad. Cuando los niños son pequeños te entra complejo de azafata de vuelo revisando que esté todo perfecto. Dentro de nada (y si no, al tiempo) será preceptivo dar las mismas charlas de seguridad que en los aviones.

Es verdad que ahora los niños cantan menos en los autobuses. Yo recuerdo que era subir y ¡pam!, empezar a cantar, como si la radio del vehículo estuviera estropeada. Lo cierto es que se ganaban el cielo, los pobres autobuseros (o, mejor dicho, señores conductores de autobús, como me recalcó un día un chófer, muy ofendido). El repertorio era inmenso y todo ello deleznable y repetitivo. Después de una buena sesión de elefantes balanceándose en telas de araña, tocaba alegrar al señor conductor haciendo que tocara el pito. Menos mal que no teníamos la mente sucia. Eso que nos llevábamos. Lo que tiene Taylor Swift es que cantada *a capella* en un autobús no luce lo mismo.

Los niños cuando se van de excursión vuelven derrengados, como si se hubiesen marchado a hacer las Américas, más cansados que Marco después de irse de *tournée*. Es plantar las posaderas en el asiento y caer fulminados. Yo no sé cómo pueden dormir en esos asientos tan incómodos con el ruidazo que hay, pero sorprendentemente todos lo consiguen al segundo. Cuanto más pequeños, antes caen. Y mejor, porque los que no caen suele ser porque se encuentran mal y corres el riesgo de que vomiten hasta la última papilla. Si eres el adulto responsable en una excursión infantil no escatimes: lleva bolsas de plástico como si no hubiese un mañana y toallitas húmedas. Con ellas, la vida puede ser maravillosa.

# Traumas infantiles

«¿Sabes cuál es mi filosofía? Que es importante pasarlo bien, pero también hay que sufrir un poco, porque, de lo contrario, no captas el sentido de la vida».
Woody Allen, *Broadway Danny Rose*

Yo pensaba que era una madre molona, una madre enrollada. Las llevo a sitios bastante chulos, hacemos cosas divertidas, canto, bailo, hago el idiota, las dejo dormir conmigo si nos apetece, las llevo al cine, me río mucho… En fin, cosas que, en general, deberían gustarles. Pues no. Soy su madre y una ilusa. Como la de todas las madres del mundo antes de mí, mi función es crearles traumas infantiles a mis hijas.

## Hijos con traumas infantiles a causa de su madre en la historia

— **Hija de Cleopatra.** «Mamá, por Dios, haz el favor de dejar de ponerte de perfil para todos los retratos. ¿No ves que me avergüenzas?».
— **Hijo de Lucrecia Borgia.** «Oye mamá, ¿que es esto que van diciendo que soy hijo de tu hermano, mi tío? ¿En serio? ¿EN SERIO? Se van a reír de mí en el colegio».

- **Hija de Isabel la Católica.** «Tú eres tonta, mamá, darle pasta al Cristóbal Colón este que nadie sabe dónde ha nacido para que busque una ruta alternativa hacia las Indias. ¡Eres una pringada!».
- **Hija de Marie Curie.** «¿De verdad tienes que ponerte a investigar? ¿No podrías hacer pasteles como hacen todas las madres?».
- **Hijo de Sharon Stone.** «¿Era necesario DE VERDAD que enseñaras que no llevabas bragas en *Instinto Básico*? ¡Mamáááááá!».

Y así, todo. En mi caso fui consciente del primer trauma infantil en ciernes de mis hijas el día que les dije que me iba a teñir las puntas del pelo de rosa fucsia. Debería haberles encantado: el fucsia es un color que les gusta bastante y yo soy una madre guay... Pero no. Me miraron como si les dijera que iba a salir a cantar desnuda al balcón, con una mezcla de estupor y horror pintado en el rostro.

—Pero, mamá, ¡no puedes hacerlo! ¡No puedes!

—Hija, es que me apetece. Hace mucho que llevo dándole vueltas y creo que es el momento perfecto. ¿No te gusta? Mira, es así como quiero dejármelo. —Y le enseño la foto para que vea que tampoco es que me vaya a poner el pelo como una bola de algodón de azúcar.

—Mamá, es horrible. Horrible, horrible. —A estas alturas ya tenía los ojos medio anegados por las lágrimas—. Por favor, no te lo hagas. Por favor.

—Lo siento, cariño, pero a mí sí que me gusta y me lo voy a hacer.

—¡Pero en el colegio se van a reír de mí! ¡Vas a estar horrible!

Caramba, y yo que creía que la que se iba a teñir era yo...

La verdad es que ese momento en el que te das cuenta de que tu hija se avergüenza de ti es horrible. Tú que lo has hecho todo para ser molona y divertida y te lo pagan así. Esto sí que es ley de vida y no lo de que los hijos se van del nido, que tu hijo tiene pelo por todo el cuerpo y ahí está... Pero es que es así. Al principio, los bebés creen directamente que mamá y ellos son una misma persona. Luego mamá es la persona más molona del mundo y lo harían todo con ella. Y luego esa misma mamá que dos días antes era genial, es una antigua, una vieja, no sabe nada y en todo se equivoca. ¿Estamos preparadas para convertirnos en una bruja con verruga? Definitivamente, no. Pero por la cuenta que nos trae ya nos podemos ir mentalizando. Ese día en que tu hijo te suelte la mano cerca del colegio porque no quiere que le vean sus amigos así, o que tu hija prefiera que no le des un beso en público..., ese día toma aire y asume que el momento bruja (de Blair) está acercándose peligrosamente.

De todas maneras, esto es algo que siempre ha pasado. Mis padres eran geniales y vistos en retrospectiva podrían considerarse padres bastante molones. Pero yo tengo grabados en la retina algunos momentos en los que quise que me tragara la tierra. Recuerdo perfectamente una vez que en una de las vacaciones eligieron a los hombres que peor se movían para convertirlos en las chicas del cuerpo de baile y por supuesto escogieron a mi padre, que entre sus múltiples virtudes no fue bendecido con el don del ritmo. No podía quitarle la vista de encima porque aquello de puro malo era hipnótico pero al mismo tiempo me quería morir. Ahí, despacio, lento, desaparecer sin hacer ruido.

Pero es que los preadolescentes si algo tienen es un sentido del ridículo exagerado. Cuando tienes más años puedes reírte de ti misma mucho más alegremente, pero con algunas décadas menos piensas que el hecho de que se rían de ti es un gran drama. Uno de los episodios más humillantes de mi adolescencia tuvo que ver con unas fotos que nos hizo mi madre. Resulta que en las fiestas del Pilar en Zaragoza es tradicional vestirse con el traje regional. Todos los años mi madre nos hacía fotos a mi hermana y a mí ataviadas con el traje de baturra, que era muy tedioso de poner y estabas deseando llegar a casa para quitártelo. El caso es que de repente cayó en la cuenta de que ya nos lo habíamos quitado y no había hecho ninguna foto.

—Anda, poneos la parte de arriba solo, que os hago una foto rápida y ya está —nos dijo, sacando la cámara de fotos del bolso.

—Pero mamá, que vamos en bragas —le contestamos.

—No os preocupéis, que sólo os sacaré la parte de arriba y ya está.

En aquellos años no había cámaras digitales sino que tenían carrete y no había posibilidad de ver en el acto cómo había quedado aquello. El caso es que cuando mi madre fue a recogerlas a la tienda de revelado y las vio, de repente la vimos estallar en carcajadas. Estaba llorando de la risa, de un modo imparable, ya que en cuanto se calmaba volvía a acordarse y le daban hipos y todo. Mi hermana y yo fuimos a ver las fotos y ahí estábamos las dos, posando gallardamente con mirada altiva, el rico traje bordado arriba... ¡Y en bragas! Resulta que el visor no reflejaba exactamente lo que salía en la foto, sino que abría un poco más de la cuenta el plano.

Os prometo que en ese momento nos quisimos morir. Mi madre obviamente se lo quería contar a todo el mundo porque para ella era súper gracioso y ni mi hermana ni yo conseguíamos encontrarle la gracia. ¡Éramos nosotras! ¡En bragas! ¡En una pose ridícula! Nos enfadamos tantísimo que cortamos la foto para dejarla como tenía que haber sido. Ahora, con los años me da mucha pena que la vergüenza me hubiese hecho cargarme lo que hubiese sido algo digno de ser enseñado. Pero anda, hablad con mi yo de catorce años completamente escandalizado, a ver qué os cuenta.

Mi madre era especialista en crearnos traumas infantiles a mi hermana y a mí. Desde perseguirnos con uno de los cangrejos vivos que iban a ser el plato principal de la comida de mi padre (y que me generó un terror visceral a esos bichos) hasta convencernos de que un juguete hecho en casa con una botella de leche de plástico era «lo mismo» que un juguete que vendían en la tele. Entiendo su argumento (que tenía un precio desproporcionado y que nos íbamos a cansar a los dos días), pero lo siento, sigo pensando que «igual» no era.

Es verdad que, de cualquier manera, los niños se pueden traumatizar por casi todo. Otra de las imágenes que a mí me perseguirá toda la vida es una que vimos en la televisión mi hermana y yo una noche a horas intempestivas. Estábamos de vacaciones y los horarios eran bastante relajados, así que volvíamos de jugar más tarde de la cuenta. Pusimos la televisión y nos topamos con un documental sobre la India, que tenía la pinta de serio. Entre muchas curiosidades, de repente sacaron a un faquir que además de tumbarse en la (tradicional) cama de pinchos levantaba pesas con su miembro viril. Nuestra cara era un poema: un señor medio desnudo con más años que Matusalén dándose magnesia todo afanoso en el pene para levantar un peso así como de dibujos animados, con una argolla en la parte superior por la que pasaba salva sea la parte. Durante lustros pensé que aquello lo había soñado porque carecía de todo tipo de lógica, pero un día poniendo en común los traumas infantiles con mi hermana (e indignando a mi madre, que era la causante de la mayor parte de ellos) llegamos a éste y resultó que ambas lo recordábamos.

Estoy segura de que mis hijas dentro de unos años jugarán a avergonzarme sacando el catálogo de traumas que les estoy causando. Pero, por si acaso, en mi casa los documentales sobre la India siempre con adultos al lado. Llamadme exagerada.

# Y tú que te creías moderna...

«Cada generación se ríe de las viejas modas
pero sigue rigurosamente las nuevas».
Henry David Thoreau

Una amiga me contó hace un tiempo una cosa que le dolió profundamente. Ella, melómana de pro iba poniéndole, entusiasmada, música a su sobrina: «Mira este acompañamiento aquí», «observa estos coros», «brutal la orquestación». Se sentía genial porque ella era la tía moderna y guay que estaba enseñándole cultura musical a su pequeña *padawan*, hasta que su sobrina se volvió y le dijo

—Sí, tía, todo genial, pero ¿podrías por favor poner música un poco más moderna?

—¡Moderna, dice! —contestó mi amiga un poco indignada porque su selección musical era fantástica y de gran calidad según su criterio.

—Sí, por favor, esa es música de viejos. ¿Me pones música *de este siglo*?

Y mi amiga abrió la boca para responder... Y la volvió a cerrar. Su sobrina tenía toda la razón. Ninguna de las canciones que ella había seleccionado era del siglo XXI. El pasado era el de su infancia y el de su juventud y éste era el que iba a observar su madurez. La suya y la nuestra. Aceptar esto no es fácil; en realidad es una auténtica porquería.

Yo no he sido moderna en mi vida: es más, creo que soy más atrevida con cuarenta que con dieciséis. Para que os hagáis a la idea, con quince años escuchaba en bucle a Nat King Cole destrozando el español y llevaba trajes de chaqueta porque era lo que me pedía el cuerpo. Lo único transgresor que tenía aquello era que en esos momentos a mi alrededor todo el mundo llevaba vaqueros casi como si fuera un uniforme y yo no me puse unos pantalones hasta los veinticinco. Por más loca que suene la cosa, esta manera tan clásica que yo tenía de vestir era rara. Cuando te haces mayor te mueres por encontrar tu propio estilo, pero cuando eres una adolescente lo que quieres a toda costa es encajar y destacar lo menos posible. Yo ahí iba por libre. Me importaba un pito cómo vistiera el resto, yo iba como quería.

En mi caso, mi falta de vanguardia ha hecho que no sufra demasiado por no estar a la última, pero conozco a mucha gente que lo lleva fatal. Amigos que pertenecieron a tribus urbanas, *heavies*, *rockers* y demás a los que les cuesta asumir que estamos en otra época y que otras cosas son las que se llevan. En general, nos cuesta mucho asumir que lo nuestro no es «lo mejor» y «lo que más mola». Dicen que la música que te gustaba con diecisiete años es la que de verdad te va a gustar toda tu vida. Pero no es «lo mejor». Es lo más cercano a tu sensibilidad, lo que entiendes, lo que te gusta, pero no lo mejor en términos abstractos. Y esto es la historia de nuestra vida: cuando tú eras pequeña ponías los mismos ojos en blanco cuando tus padres en el coche ponían un cassette de los suyos, que a ti te parecían carcas a morir. Lo gracioso es que con los años esa música *vintage* ha acabado formando parte de la banda sonora de tu vida y le tienes hasta cierto cariño. Es lo que se conoce como síndrome de Estocolmo. A mí me pasa con el carrusel deportivo, que odiaba con todas mis fuerzas cuando era cría porque era lo que sí o sí se escuchaba en el coche al volver los domingos, y ahora hasta me da ternura. Sí, ternura ese ruido infernal. Debería hacérmelo mirar.

En realidad, la vida es cíclica, así como concepto. Los hijos nos la pasamos odiando las cosas de nuestros padres hasta que vuelven en forma de tendencia *vintage*. Cuando era pequeña, mi madre nos dio a mi hermana y a mí un montón de vestidos de cuando ella era adolescente y nosotras nos reíamos porque moríamos de la risa pensando en que mi madre hubo un tiempo en el que iba enseñando las bragas por la vida y no precisamente de pequeña ¡Eran cortísimos! En aquel momento a nosotras nos parecían casi trapos y, lo que son las cosas, hoy me imagino a mi hermana matando por alguno de aquellos vestidos (y digo mi hermana porque habida cuenta lo delgadérrima que estaba mi madre en aquellos años a mí posiblemente no me cupiera ni una pierna). Las modas son así: lo que despreciamos acaba volviendo y termina por encantarnos.

La moda, en general, no siempre casa bien con la maternidad. Cuando acabas de tener un hijo hay cosas que simplemente no son factibles, como esto de los *crop tops*: ¡para enseñar la tripa y las lorzas estás tú! ¡Y encima voluntariamente! También el hecho de llevar collares y pendientes como si fueras un árbol de Navidad. Esto además lo aprendes de la manera más dura posible, con una oreja casi amputada porque tu hijo ha decidido colgarse de tu pendiente o medio estrangulada porque ha tirado de tu collar como si éste no estuviera sujeto a tu cuello. Los primeros meses, si no cuentas con ayuda, suelen ser estilísticamente un desastre. Si te sale un bebé de esos que no paran de llorar, que no duermen así los maten y que no se entretienen solos de ninguna de las maneras, tus expectativas serán con toda seguridad muy bajas. A lo que aspirarás es a poderte duchar; de pintarte los ojos, ni hablamos. Eso es un lujo que no vas a poderte permitir. También es más que probable que un día no tengas ropa limpia porque no te ha dado tiempo a lavar, que te vomiten justo antes de salir o lo que es peor, apenas has puesto el pie en la calle. En fin, que esos primeros meses son un poco inciertos y bastante tienes con lo tuyo como para preocuparte de estar esplendorosa. Entre que tus carnes tardan en volver en sí, que las ojeras de no dormir te hacen parecer un mapache y que el pelo se te cae a puñados por una cuestión hormonal, estás hecha un cuadro.

Menos mal que hay modas que parece que las han inventado madres. Eso o que tenemos una infiltrada en el *establishment* y de vez en cuando se ponen de moda cosas que son perfectamente accesibles para nosotras.

## Modas que inventaron madres

— Las medias opacas. Dicen las egobloggers que llevar medias de color carne está demodé, que para estar a la última hay que o bien prescindir de las medias o bien que éstas sean negras, opacas y muy tupidas. Las madres asentimos: con medias así no se nota que hace mucho tiempo que no encuentras un rato para depilarte las piernas.

— La vuelta de lo *vintage*. ¡Vamos a rebuscar en la moda de temporadas pasadas y a ponerlo de moda! Las madres asentimos: hace tanto tiempo que no hemos podido ir de compras y pasar de la sección infantil que todo lo que sea hacer que la ropa viejuna y pasada de moda de nuestro armario tenga un poco de prestancia y nos dure más, bienvenido sea.

— La moda *bohochic*. Es esta moda que parece que todo ha salido del mercadillo. ¡Bien! Ya no hay que esconder más el vestido baratuno que te compraste para ir a la playa hace cinco años y que es comodísimo: ¡ahora está de moda!

— El peinado despeinado. Hubo un tiempo en que lo que se llevaba ir repeinadísimo, con los peinados ultra-mega-super-pulidos. Ahora esto pasó. Tú ves las alfombras rojas y eventos varios y parece que todas han olvidado darse un cepillado. Sí, será un peinado despeinado y nada será casual, pero a las madres nos viene de maravilla porque nosotras directamente a veces prescindimos de peinarnos. O se nos olvida o vamos tan pilladas al salir de casa que ése es el menor de nuestros problemas.

— Los maxibolsos. En cuestión de bolsos, las modas también cambian. Hay temporadas en las que se llevan esos bolsos-mini-nada en los que apenas cabe un pintalabios (perdón, un labial que es como dicen las modernas) y un monedero enano, pero cuando se ponen de moda los bolsos de tamaño descomunal ¡benditos sean! En ellos puede encontrarse de todo, desde tus cosas a las de tus hijos. Mary Poppins y su bolso mágico, unos aficionados. Tu mira el bolso de una madre y prepárate para sorprenderte.

— Los *boyfriend pants*. Son esos pantalones que te quedan de aquella manera y que parece que se los hayas cogido prestados al novio porque definitivamente no son tu talla, ni tu ajuste, ni tu nada. O sea, todos los pantalones del armario de una madre, que con el cambio de peso del embarazo tarda en encontrar su figura. ¡Es maravilloso que se lleven!

— Los *smokey eyes*. Esta es una moda muy agradecida también. Las jovencitas se los pintan en casa, pero las madres venimos con ellos de serie sin maquillaje ni nada. No dormir es lo que tiene.

— El corte imperio. Otro estilo que es fantabuloso porque al nacer el vuelo debajo del pecho permite esconder las barriguitas incipientes si es que estamos embarazadas o las lorzas si es que ya no lo estamos. El corte imperio siempre debería estar de moda. Siempre.

Por lo que no paso es por las sandalias con calcetines. Eso no lo inventaron madres, sino guiris. A ver si nos enteramos.

# Los festivales infantiles. El horror vacui

«La fascinación por el teatro entró en mi alma
gracias a tres acontecimientos que marcaron profundamente
mi alma infantil: participé en el entierro de un bombero,
vi un ataque epiléptico y escuché cantar al príncipe chino».
Alejandro Jodorowsky

Cuando nosotros éramos pequeños no estaba tan de moda esto de los festivales infantiles. En nuestro caso, con suerte, tenías uno a final de curso, al que no siempre podían ir los padres y chimpún, ahí se acababa la historia. Un festival para cada actividad que hacías, eso sí, de modo que las que tendíamos a apuntarnos a todo tipo de bombardeos a final de curso teníamos la agenda más apretada que Justin Timberlake de promoción.

El problema es que los niños de hoy en día hacen actuaciones constantemente y además a la mayoría de ellas están invitados los padres. Los míos tenían una necesidad limitada de verme actuar. Les parecía bien ir a hacer de *groupies* una vez al año pero no tenían necesidad de aplaudir cada cosa que hiciera y eso que eran unos padres bastante entregados. Pero es que actualmente los niños se pasan el día haciendo cosas de cara a la galería. Navidades, Carnaval, el día del colegio, fin de curso... Y entre medias, actuaciones de porque hoy es hoy y tú lo vales. A mí me parece genial que los niños aprendan a desenvolverse en público, pero ¿es necesario de verdad tener a la familia aplaudiendo todo lo que hacen a todas horas?

A final de curso todos los padres vamos un poco con la lengua fuera para llegar a todos los eventos de nuestros hijos, que además suelen suceder a unas horas muy compatibles con el trabajo remunerado, tipo las 11 de la mañana o cosa así. Pero no te preocupes que los fines de semana también tendrás eventos. ¿O crees que te libras? ¡Ja! ¡No me llames iluso porque tenga una ilusión! Existe una temporada de bodas, bautizos y comuniones, pero es que hay otra en la que te graduarás como aplaudidor oficial de tantos espectáculos en los que vas a ver a tu cultivadísimo heredero.

Un secreto: la mayoría de los niños son del montón y no nos van a retirar con su talento, incluidas mis hijas. Para mí, como su madre que soy, son las más guapas, las que mejor bailan, las que más estilo tienen y con un talento interpretativo y para la danza y el canto a la altura de los más grandes. Meryl Streep, una aficionada. Como madre que soy, mi obligación es dejarme las manos aplaudiendo a mis niñas y perder durante un rato mi objetividad. ¡Pero el problema es que algunos están convencidos de que tienen a la reencarnación de James Dean en casa y de ahí no los sacas! «Pues mi niño hace esto», «la mía hace lo otro» y todos son la pera limonera.

La ventaja del *festivalismo* es que esta generación llegará a mañana habiéndose bregado frente al público mucho más que las anteriores. Sean los protagonistas o hagan de árbol en la función, tiene su mérito tenerse que enfrentar a un montón de gente. Ellos y sus cámaras de fotos imponen, y mucho. Yo recuerdo los sudores fríos que nos entraban a todas cuando en una asignatura nos decían que había que hacer exposición oral. ¡Nos queríamos morir! Te tirabas acongojada un montón de días antes sólo por la perspectiva de tener que ponerte delante de tu clase y soltar un discurso más que preparado. A estos niños esto no les pasa. ¡Hacen funciones en un escenario desde que van a la escuela infantil! Ahí los ves, haciendo de enanito, cantando una canción o enseñándonos cómo hacen psicomotricidad desde su más tierna infancia. Llegan a primaria y ya han pisado más escenarios que nosotros en toda una vida escolar.

Aun así, los nervios también los acompañan. Los festivales de final de curso coinciden con la llegada del calor y el verano que se atisba a la vuelta de la esquina. Los niños están con esa mezcla tipo cóctel molotov que son la excitación y el cansancio, y nos pilla a los padres que excitados no sé si estaremos, pero cansados, mucho. ¿En serio la astenia tiene que ser primaveral? ¿No podría ser, digo por decir, invernal, que nos viene mucho mejor? Los niños no se aguantan a sí mismos y nosotros estamos con la paciencia bajo mínimos. Con esos mimbres se gestaron los grandes dramas. A Shakespeare lo que le pasaba era que tenía a un infante en casa acabando el curso y se descargaba inventando obras de teatro en las que moría hasta el apuntador.

Los niños se toman los festivales muy en serio y se tiran mucho tiempo ensayando, también en casa. A ellos les han dicho que es secreto y que no tienen que enseñárselo a los padres, pero aun así conversaciones como ésta se suceden a diario

—Mamá, en el cole me han dicho que no os contemos nada de la función.

—Vale, pues no te preocupes que no te pregunto.

—No, pero que si quieres te la hago.

—Da igual, si es secreto ya la veré el día de la actuación-

—Pero que si quieres te la hago…

Y te la hace, claro. Porque tú has insistido, además. Luego están los niños que no sueltan prenda y que, casualmente, van a caer en las casas cuyos progenitores sí que tienen ganas de saberlo con antelación por aquello de la ley de Murphy.

Cuando llegas al festival podrías hacer de sustituto de tu hijo sin ningún problema de tantas veces que lo has visto en casa. Te has acostumbrado a ver la televisión con tu hija practicando el ejercicio de gimnasia rítmica, rezando para que no se le escape la pierna y te rompa el televisor. Sabes lo que es tratar de ver la tele con una criatura desgañitándose en su habitación cantando a grito pelado. Cocinas con tu hijo perpetrando la guitarra de fondo. Así que el factor sorpresa el día de la actuación se esfumó por completo.

De todos modos, lo siento por los profesores, pero los festivales que salen perfectos son mucho más aburridos que los que está todo manga por hombro. A mí me parece todo un logro que estén todos los niños sentados (y moderadamente) callados, que entren y todos sepan dónde se tienen que colocar. A mí con eso ya me tienen ganada porque sé el súper esfuerzo que conlleva. Que luego lo otro salga bien, mal o regular me es un poco indiferente.

En los festivales infantiles encontramos varios perfiles de comportamientos:

— **El líder.** Todo lo comanda, se encarga de lo que hace él y todos sus compañeros: ¡le encanta mandar!
— **El gracioso.** Ese niño que tiene una gracia natural y un magnetismo personal sin proponérselo ni sobreactuar.
— **El que se hace el gracioso.** El que sabe que hace gracia y exagera sus gestos, sus bromas y acaba por resultar cargante.
— **El protagonista.** Siempre se ofrece voluntario para salir y le encanta el calor del público.
— **El empanado.** Está en las avutardas y siempre llega con retraso a todo, nunca parece enterarse de qué va la fiesta hasta que ha terminado.
— **El oportuno.** Es el que se cae en el momento más inoportuno, el que tiene pis en medio de la actuación, el que siempre se pone malo el día de antes del festival.
— **El mimo.** Se fija siempre en el de delante para copiar sus movimientos.
— **El desapercibido.** Ese que si pudiera desaparecería porque se muere de la vergüenza.
— **El pasota.** El festival y la actuación le importan un pimiento y está ahí porque no le queda otra.
— **El entregado.** Hace todo con una intensidad infinitamente superior a la de sus compañeros y por eso se le ve a tres leguas.

En realidad, los niños pueden ser de más de un tipo simultáneamente o evolucionar de uno a otro sin problemas. Y es que cada niño es un mundo. Un día mis hijas vinieron a casa emocionadas de la vida. Primero entra la mayor y nos dice:

—¡Estoy más contenta!, en el festival soy presentadora. ¡BIIIEEENNN!

Cinco minutos después viene la pequeña y nos dice a su vez:

—¡YUPIIII! ¡En el festival no presento nada! ¡BIIIEEENNN!

En nuestro cole los disfraces los suelen hacer en clase ¡y menos mal! Debería estar prohibido que éstos tengan que hacerse en casa. Sólo debería haber dos tipos de disfraces: los que se compran en un todo a cien y los hechos con bolsas de basura. Cualquier otro disfraz acaba por dejar en evidencia a la madre a la que las manualidades se le dan mal.

—Este año representamos el arca de Noé.

—Ajá...

—Y a mí me ha tocado ir de ñu.

—¿DE ÑU? ¿Y eso cómo es? Como no te vistas de adolescente gruñona no sé cómo vestirte...

—Pues tiene que estar para el viernes

... (Dejamos espacio para jurar en arameo)

Profesores, los disfraces de las funciones facilitos y en clase. Por favor.

Las representaciones en sí luego son la jungla. Están los que invitarían a toda la familia a la función y que se cabrean cuando dicen que sólo pueden acudir los más cercanos: padres, hermanos y si acaso los abuelos. «¿Y no puede venir mi tía la de Cuenca, que le hace mucha ilusión ver a la niña bailando la jota?». Esto... No. Luego está el hecho de que hay un número limitado de asientos y que por estas tonterías de la física (que es una caprichosa ella) no todo el mundo puede estar sentado en primera fila. No se cabe. Están los que esperan fila rigurosamente, pero luego llega el listo a última hora y se planta delante así, con cara de disimulo ¡y no, hijo, no! ¡Has venido el último, así que detrás!

En general, en este tipo de acontecimientos los humanos sacamos el lado más incívico que tenemos dentro. Todo sea por grabar a mi Lucas: me coloco donde me han repetido varias veces que por seguridad no puede ponerse uno, me voy a la primera fila para hacer la foto sin importarme un rábano cuándo he llegado y, por supuesto, me levanto cuando me viene en gana porque los de detrás son unos peleles. Lo importante es que quede inmortalizada mi niña en vídeos que jamás volveremos a ver. Di que sí. Que luego queremos enseñar civismo a los niños... y se nos ríen en la cara ¡no se nos van a reír!

Si es que con las representaciones infantiles uno gana varios puntos de karma. ¡Señor, llévame pronto!

# Vacaciones de madre

«Unas vacaciones deberían ser lo suficientemente largas para que tu jefe te eche de menos, pero no tanto como para que descubra lo bien que se las puede arreglar sin ti».
Autor desconocido

Vacaciones. Todos las esperamos durante el año, suspirando por ellas, para que cuando por fin lleguen se pasen en un abrir y cerrar de ojos. El ser humano necesita descansar de su rutina, cambiar de aires y durante un tiempo dejar de hacer lo que hacemos todos los días. Y da igual que nos encante nuestro trabajo, que nuestra vida sea satisfactoria y que seamos razonablemente felices. Necesitamos vacaciones muchas veces más que comer.

Pero las vacaciones no son lo mismo para todos. Hay diferentes grados de ruralidad. Para algunos irse con una tienda de campaña o al monte es el mayor de los placeres mientras que otros arrugan la nariz ante la perspectiva de usar unos baños colectivos, cocinar en un infiernillo y carecer de todo tipo de comodidades. Otros se lo han pasado bomba trepando a los montes como cabras durante una época de su vida y conforme cumplen años se dan cuenta de que ya han dormido suficientes veces en el suelo y que realmente lo que les apetece en ese momento es ir a un hotelazo y dormir en una cama mullida. Para unos irse a su apartamento es el paraíso, otros aspiran a que les den la comida hecha y que cada vez que estiren el brazo les pongan un mojito en la mano. Unos opinan que el pueblo es un rollo y a otros ese mismo enclave les parece la pera limonera. Hay quien busca playas de arena fina en las que no se ve una persona a cien leguas y quien quiere mogollón, gente, ruidos y civilización. Digamos que hay tantos destinos como personas y cada uno se las apaña como puede para estar razonablemente satisfecho con sus vacaciones.

Cuando yo era pequeña, la incorporación de la mujer al trabajo no era la misma que ahora. Era frecuente que hubiese familias en las que la mujer se instalaba en la playa todo el verano con los niños mientras el hombre se quedaba en la ciudad trabajando, de modo que sólo durante sus vacaciones y los fines de semana estaba con ellos. Lo que se conoce como estar de Rodríguez, vamos. Por si os preguntáis quién fue el hombre que prestó su apellido a esta figura habéis de saber que es el protagonista de una película de Pedro Lazaga de 1965, un señor que en un largo y cálido verano aprovechando la ausencia de su familia pretendía echar una canita al aire. Como veis, muy moderno y cero casposo todo, claro.

Durante décadas se ha pensado que la que estaba mejor era la mujer, dedicada al *dolce far niente* en la playa mientras el hombre, infiel o no, se quedaba en la ciudad a asegurar el sustento de la prole. Porque ya se sabe, cuidar de los niños no es un trabajo, claro. No lo es bajar a la playa a pegarte con las docenas de jubilados por tener un sitio para poner la sombrilla, ni lo es no poder leer ni una línea del libro que te bajaste a la piscina toda ilusa pensando en que algo podrías adelantar. Tampoco cuenta tener que pegarte (metafóricamente) con los niños para que salgan del agua porque después de estar tres horas en la piscina aspiras a hacer algo más por la tarde. Por no hablar de tener que hacer comidas, organizar, etc. Nada de eso cuenta, ni es trabajo, por supuesto.

Seguro que estamos todos de acuerdo en que la ciudad en verano es un infierno y que cualquier cosa que nos haga salir de ahí, bienvenida sea. Aunque nos quejemos (que lo hacemos, porque si no ¿qué sentido tiene la vida?), en el fondo sabemos que todo lo que sea poder estar en un lugar en el que no haga cuarenta grados a la sombra está bien.

Hay familias que lo hacen todo juntas. Otras en las que los padres a veces se escapan solos. Unos que por logística casi tienen que veranear por separado. Otros que se apoyan en la familia. Otros que tiran de campamentos para pasar los meses de verano. Al final hay muchísimos modelos de vacaciones y mientras los implicados estén satisfechos nadie es quién para opinar si está bien o mal. Pero creo que no conozco ninguna madre que no fantasee en algún momento con mandarlos a todos a paseo y estar sola unos días. Que sean dos, una semana o un mes supongo que tendrá que ver con el nivel de hartazgo y de apego, que no es el mismo para todas. Pero ¿a que serían fantabulosas unas vacaciones de madre y pareja? ¿Un estar así, de Rodríguez pero con el único objetivo de estar contigo misma?

Cuando te conviertes en madre, la soledad se convierte en uno de los bienes más preciados. Se acabó el atrincherarte en el baño horas y horas para hacer caca tranquilamente, mientras lees un libro, te pintas las uñas, hojeas una revista o simplemente miras las musarañas. Cuando tienes hijos te tienes que acostumbrar a estar despachando desde el trono las múltiples cuestiones que demandan tus peques: solucionar problemas de intendencia que no pueden bajo ningún concepto ser aplazados a dentro de cinco minutos, consolar al lloroso e incluso dar de comer al hambriento. Que levante la mano la que ha acabado dando el pecho con las bragas en los tobillos en un postura bastante poco digna y sin absolutamente ningún glamour. Pero la necesidad manda... Si a las tres de la mañana tienes que ir con urgencia al baño y tu bebé se pone a gritar desesperadamente, ante la perspectiva de que te despierte al resto y entonces la fiesta sea completa, si se le tiene que dar el pecho en el váter, se le da. Cosas peores habremos hecho.

Y cuando ni siquiera lo más básico lo puedes hacer sola, pues lo superficial ni os cuento. Tu familia es lo más, pero a veces simplemente te gustaría estar en modo piloto automático, de eso que respiras porque es un acto reflejo pero que no te pidan nada más sofisticado. Te agarrarías una taza de café, un libro y ya podría hundirse el mundo que tú no te levantas. Y tu pareja a esas alturas de la película ya ha aprendido a leer las señales de que mejor se aparte de tu camino porque hoy solo estás de cuerpo presente y nada más, pero tus hijos eso no lo entienden. Al menos generalmente: una vez sorprendí a mi hija mayor, que tenía entonces cinco años, diciéndole a su hermana que casi mejor que se portara bien porque «mamá no está de humor». A saber lo que entendería la pequeña.

En unas vacaciones de madre, además de poder tardar lo que se quiera al hacer tus cosas, podrías darte un baño de espuma. Y de los que molan: nada de meterte y que a los cinco minutos alguien esté aporreando la puerta porque tiene unas cacas repentinas que no pueden esperar. Podrías leer, relajarte, y salir arrugada como una pasa. Después te podrías dar todas esas cremas que jamás te das porque vas a contrarreloj y no tienes tiempo para chorradas. Te perfumarías hasta las orejas y sólo para ti, porque hoy es hoy y tú lo vales.

Lo mejor de las vacaciones de madre sería poder hacer todo lo que no puedes hacer porque estás educando. ¿Cómo vas a decirle a tu criatura que nada de chuches porque son malísimas mientras tú te comes un pastel a manos llenas? Pues das ejemplo (… y te comes las chuches a escondidas, claro). Estando de vacaciones de madre no hay que mirar los ingredientes de la comida, no hay niños a los que dar de comer, peques a los que decir que se sienten bien. Ni siquiera hay que recoger la mesa inmediatamente después de comer y dejarlo todo impoluto. Ya lo recogerás dentro de un rato. O mañana. Es más, cuando vuelvas a la cocina ¡estará todo como lo hayas dejado! Nada de recoger la ropa, de ordenar, de hacer la cama. ¡Son vacaciones! Volver a ser la hija y no la madre, la que no se preocupa por nada más que por el aquí y el ahora.

¿Que si los echaríamos de menos? Claro: queremos unos días de relax, no abandonar a nuestros hijos, ni divorciarnos de nuestra pareja, que los queremos y esas cosas, ¿no? Pero añorarlos un poquito… ¿Sería tanto pedir?

# Viajar con niños

«No estoy loco por las vacaciones. Siempre parecen una forma ridículamente cara de probar que no hay nada como el hogar».
Jilly Cooper

Cuando yo era pequeña viajar daba una pereza terrible. Nuestro modo de viajar era básicamente el coche. Hasta que cumplí catorce años no me subí en un avión y aun así nos tocó ir a casa Dios a cogerlo. Es lo que tiene vivir en provincias. La enorme paradoja de mi vida era que yo veraneaba al lado de la base aérea de Zaragoza y toda mi infancia aparece interrumpida por los vuelos de los aviones americanos. La señal de televisión era muy precaria y cada vez que pasaba un avión te dejaba sin imagen. Así que yo recuerdo haber visto *El coche fantástico* con grandes lagunas, que además siempre coincidían con los momentos más emocionantes de la serie. Justo cuando iba a pasar algo importante oías acercarse un avión y gritabas desolada ¡noooooo, ahora noooo! Lo más parecido a un *coitus interruptus*, os lo aseguro. El tren nos encantaba, pero no lo cogíamos con mucha frecuencia. Era un lujo. La mayor parte de las veces cuando teníamos que ir a Madrid nos tocaba montar en autobuses de línea que nos llevaban a la capital en cuatro eternas horas y que paraban en un sitio perdido de la mano de Dios y bastante infame.

A mí me encantaba y me encanta el tren. Antes de que construyeran la estación nueva, la de mi ciudad era una típica de provincias. Tenía el encanto de parecer haberse quedado anclada en los años 70 y muchos de mis recuerdos están ligados a aquella vieja terminal enfrente de la que hacían cola los taxis. Que el tren fuera al paso de la burra, que los asientos fueran incomodísimos e incluso el olor a pies del coche cama no hacía sino añadirle encanto al viaje.

Lo normal era que viajáramos en coche. Mis padres eran bastante animosos para casi todo y agarrábamos el coche, la caravana o la tienda de campaña y nos íbamos a donde hiciera falta. Lo normal era que a los cinco minutos de montarnos ya estuviéramos preguntando que si llegábamos ya, pero lo cierto es que nos comíamos los kilómetros como si fueran pipas. Un verano, en plan gran odisea nos fuimos con un remolque a visitar Holanda, Bélgica y Francia y nos llovió todo lo que podía llover, sobre todo en París. Aquello fue bastante divertido, pero no sé cómo no acabamos hartos de tanto automóvil, sobre todo, mis padres que eran los que cada dos por tres tenían que montar, desmontar, cargar con nosotras...

Ahora los medios de transporte han mejorado muchísimo, tanto que cuando tus hijos se quejan te dan ganas de sacar la abuela Cebolleta que todas tenemos dentro y decirles: «Ya me gustaría a mí haberos visto en mis tiempos». Sí, que te oyes decirlo y notas como te vas haciendo vieja por momentos. Pero claro, piensas en un viaje a Sevilla en tres horas y media desde la otra punta del país y a ti te parece un lujo. Pero a los niños, que no han experimentado lo que era hacer eso mismo en coche, les parece muchísimo. ¡Tres horas y media (más o menos) sentados! ¡Eso es una vida! Todo depende tanto del cristal bajo el que se mire... Tú, que has experimentado el tener que ir en coche horas y horas porque no había vuelos a un precio barato, lo flipas con las compañías *low cost*. Estás convencida de que alguna vez te harán empujar el avión en la pista o mover los pies como los Picapiedra para coger velocidad porque a ese precio no puede ser rentable, pero, aunque sólo puedas llevar una maleta y tengas que ir embutido entre asientos, te parece la pera comparado con tener que ir en cualquier otro medio de transporte infinitamente más incómodo durante más horas. Sin embargo, los niños no han vivido esas experiencias (religiosas) y sólo ven los inconvenientes que, obviamente, los tienen. Y si un día inventan el teletransporte no os preocupéis, que también le encontraremos algo negativo (pero por favor, seguid investigando, que esto no os desanime. Gracias).

Aun así, los trenes, en general, a los niños les suelen gustar mucho. Hay cosas que no cambian. La emoción de ir a la estación, de pasar los bultos por los detectores de rayos X, de ver un enorme bicho que les va a llevar a toda velocidad (aunque no lo parezca porque los trenes de ahora casi no traquetean) a su destino. Para los padres es otra historia. En las estaciones actuales no se permite a nadie bajar hasta el andén, como sí se hacía antaño. Se acabaron las despedidas de los novios, los besos a pie de andén, la gente diciéndote adiós al marcharte... Y esto, además de ser mucho menos romántico, supone graves problemas de logística que el servicio de Atendo sólo soluciona a veces.

Cuanto más pequeños son los niños, más complicado es todo en general a la hora de viajar. Es cierto que para el primer hijo siempre necesitamos más cosas que para los siguientes. Cuando somos primerizas todo es importante, todo es necesario y los «porsiacasos» inundan nuestra vida. Por si acaso llueve, por si acaso hace viento, por si acaso cae la bomba atómica. Vamos por la vida cargados como mulas convencidas además de que no hay otra manera de salir de casa. Pero vas teniendo hijos y cada vez menos brazos libres, así que empiezas a volverte minimalista por la cuenta que te trae. Primero es un minimalismo por obligación (no hay brazos, no hay bolsas) pero luego te vas creciendo, vas viendo que en realidad no necesitas casi nada y al final te vienes arriba y sales prácticamente con lo puesto. Ese día, y no otro, es cuando tu hijo decide hacerse caca por él y por todos sus compañeros; saltar sobre un charco y ponerse hasta arriba de barro, o tirarse la comida encima. ¡Maldito Murphy! ¡Vete al infierno!

El minimalismo es algo que nos cuesta en general. Preparar las cosas para un fin de semana se nos antoja tremendamente complicado y nos movemos con media casa encima. Por eso, cuando en los aviones nos dicen que tenemos que llevar una maletita pequeña (o pagar) sudamos tinta para dejar cosas atrás. En coche es otra historia. Ahí confiamos en los súper maleteros de nuestros monovolúmenes pensando que son poco menos que el bolso de Mary Poppins en el que cabe de todo, y cuando toca acomodarlo te acuerdas de tu madre cuando te decía que jugar a videojuegos no valía para nada ¿Cómo que no? No tengo muy claro que haber jugado a matar zombis o hacer de marine me sirvan pero, ¡bendito Tetris! ¡A ver si no quién iba a ser la guapa que lo metiese todo sin morir en el intento!

## *Cosas que crees que necesitas cuando viajas con un bebé:*

— **Cuna de viaje.** En la mayoría de los sitios te prestarán una. Pregunta por si acaso.
— **Silla de paseo completa con todo lo habido y por haber.** A veces con una silla ligera y una mochilita es más que suficiente.
— **Pañales para tres vidas.** En serio, en muchos sitios venden, si se acaban se compran más en el destino.
— **Una máquina para preparar purés para bebés.** Tu bebé sobrevivirá si le das de los comprados tres días, en serio.
— **Esterilizador de biberones.** Según a qué edades no es necesario que esterilices, te lo prometo.
— **Una bañera para darle un baño.** En la grande para dos días te apañas igual. O puedes vivir a lo loco y no bañarlo si no está hasta arriba de porquería.

Y sí, por supuesto, yo he viajado así. Con eso, con juguetes para tres vidas, ropa para hacerse la pasarela Cibeles y un montón de cachivaches que a todas luces no necesitaba. La maternidad nos nubla el sentido.

Los coches son mucho más confortables ahora que hace años, entre otras cosas porque además de ser bastante más espaciosos, los niños tienen que llevar cada uno su sillita y eso impide que vayamos en coches-patera como antaño. Yo recuerdo haber ido no sé cuántas personas embutidas en el asiento de atrás y lo incomodísimo que era aquello. Pero era lo normal. Si tenían que ir tus abuelos al pueblo y teníais que ir hacinados cinco en el asiento de atrás, pues se iba.

Sin embargo, hay cosas que no cambian con el paso de los tiempos. Se rumorea que en las cruzadas uno de los niños no hacía más que tirar de la cota de mallas a su padre preguntándole que si llegaban ya a Tierra Santa. Y es que tener a uno o varios niños aburridos en un coche es un peligro en potencia. De repente les entrarán todo tipo de necesidades: comer, beber, hacer pis. Así, en bucle. ¿Y cómo los entretienes? Pues como se han entretenido toda la vida. Con infames canciones en el equipo de música, cuentos, historias, juegos de coche… Ahora con las *tablets* también es verdad que la cosa es mucho más sencilla y a veces cuela ponerles una película. Si es que no se marean y vomitan tipo aspersor, porque pocas cosas más desagradables hay que el olor a vómito en un coche. Es apestoso, cuesta horrores quitarlo y siempre ocurre en el peor momento.

Por lo demás, algunos niños caen como fulminados apenas ponen el culete en el asiento y te dan cuartelillo, pero otros no lo llevan tan bien. Mi hija pequeña lloraba a grito pelado desde que nos montábamos hasta que nos bajábamos, tanto que mi hermana después de ir un rato con ella dijo que mi hija era el mejor anticonceptivo porque te quitaba las ganas de tener hijos. No la culpo. Yo porque era su madre, que si no hubiese huido sin hacer mucho ruido.

Aun así, envidio profundamente a esta generación que va a ser la más viajada de todas. Nada como conocer otros lugares para abrir la mente.

# La televisión

«La televisión es maravillosa. No sólo nos produce dolor de cabeza, sino que en su publicidad encontramos las pastillas que nos aliviarán».
Bette Davis

Todos los padres en algún momento nos hemos marcado un instante Escarlata O'Hara y hemos exclamado que a Dios ponemos por testigo de que no vamos a abusar de la tele con nuestros hijos. No me llames ilusa porque tenga una ilusión. Algunos, sobre todo los que no tienen costumbre de ponerla, en general lo llegan a cumplir, pero la mayoría de los mortales acabamos fracasando estrepitosamente, como en tantas cosas de los niños. Y todo además comienza de una manera casual: un día enciendes la tele y descubres a tu peque embobado. Piensas, ¿y si lo aprovecho para darme una ducha? Ahí comienza el principio del fin. Tú, que llevas un montón de tiempo duchándote a salto de mata, descubres que si la pones un poco (sólo un poco) puedes remolonear en la ducha medio minuto más. Y ahí la fastidias porque una vez pruebas lo bueno ¿quién puede resistirse? Hombre, no eres una madre desnaturalizada, no es que vayas a dejar a tu criatura abandonada delante de la tele horas y horas pero aquella promesa de que *never*, nunca, *jamais*, *nidekoñen*, se funde con la luz de los rayos catódicos (o LED, que no nos vamos a poner exquisitos con eso) en unos segundos.

El problema es que todo poder conlleva una responsabilidad, como les dicen a los superhéroes. Nada sale gratis. Nada es inofensivo. Pronto te darás cuenta del poder que la televisión ejerce sobre tus hijos. Sólo es comparable al efecto que produce en ellos esa pócima mágica que se llama Apiretal y que es capaz de revivir a un muerto en cuestión de minutos. Los deja embobados, que a veces está bien porque te permite hacer otras cosas, pero cuando empiezas a ver que tu pequeño ni siquiera pestañea te empiezas a preocupar ¡Eso no puede ser bueno para la salud! ¡Se le van a caer las córneas a cachitos!

Cuando son muy pequeños, el poder lo tienes tú. Si consideras que han visto mucha tele, se apaga y punto. Y quien dice tele dice *tablet*, porque *YouTube* es una nueva televisión a la carta y encima portátil. La tentación de ponerlo cuando estás fuera de casa y tienes que entretenerlos un rato es realmente grande. Pero piensa que el poder de adicción es altísimo, así que córtate que luego nos quejamos de que se enganchan a cazar *pokémons* y la culpa la tenemos nosotros. ¡No digas que no te avisé! Sin embargo, cuando los niños llegan al colegio se retroalimentan entre ellos. Es como cuando tú llegas a tu trabajo y comentas con tu compañera seriéfila el último capítulo de *Juego de tronos, Anatomía de Grey* o la serie a la que estés enganchada. La única diferencia es que tú hablas de ello con una taza de café en la mano y ellos con un bocata de chorizo. La misma pasión que tienes tú por los Stark la tienen ellos por los perros que hablan de *La Patrulla Canina*. Esto es así. Qué digo, la misma. Más. Porque tú, salvo que seas una friki de libro (que oye, ningún problema, yo lo soy con mis cosas), no irás al trabajo con un bolso de *Juego de tronos*, ni guardarás tus bolis en un portalápices de los Stark, ni te pondrás un vestido inspirado en Cersei. En cambio los niños pueden parecer hombres o mujeres anuncio en miniatura y tan pichis. ¡Hasta la ropa interior la pueden llevar temática! ¡Supera eso! Que me pregunto yo si en lugar de pagar por toda esa ropa con publicidad no deberían pagarnos a nosotros por hacerles propaganda... Ahí lo dejo.

Entre los peques también tienen sus piques. Cuando mi hija pequeña iba a infantil había auténticas batallas campales porque cuando jugaban a *Campanilla* todas querían ser ella y anda, convence a alguna para que ese día fuera Floreta, Iridessa o cualquiera de las otras hadas. Y es que pudiendo ser protagonista ¿quién quiere ser secundaria? De todas maneras, el principal problema estaba cuando jugaban a *La Patrulla Canina* porque al haber sólo una chica todas querían ser ella. Es lo que pasa cuando de cinco perros sólo uno es hembra, que si no te toca hacer de Skye, tienes que elegir entre ser la Alcaldesa Goodway, que muy lista no es, o su gallina Chickaletta. A ver si va llegando la paridad a los dibujos, señores, que hasta ahí estamos en plan cuota.

Una de las cosas que más me alucina de los niños es que tienen súper claro lo que para ellos es «de pequeños». Cuando tu hijo de cuatro años te mira muy serio y te dice completamente convencido que *Pocoyó* es para enanos se te rompe el corazón. Como con un primer amor. Porque ellos saben que han superado una etapa, pero tú tanto ver *Pocoyó* sin límite te has acabado encariñando con él. «Que ya no veo *El pequeño Reino de Ben y Holly*, que ya no me gusta». Y tú, que te mueres de la risa por la tensión sexual no resuelta entre el viejo Duende Sabio y Nana, incluso te llegas a plantear ponértelo a escondidas. Muy triste. La gran desilusión de la infancia de mis hijas fue cuando me dijeron que ya no les gustaba *Hello Kitty*. Se me rompió el corazón. ¿Harán bragas tamaño XL con una Kitty coquetona? ¡Yo las quiero para mí!

Durante la infancia de tus hijos te va a tocar pelearte por el mando a distancia a diario. Si fuera por tus hijos estaría en bucle Clan, Boing, Panda o el Disney Channel en cualquiera de sus modalidades. Y hombre, de vez en cuando ver alguna cosa de adultos, así de higos a brevas, llamadme loca, pero te apetece. Aunque sean las noticias. ¡Al menos no cantan! ¡Y anuncian cosas que no son juguetes o productos infantiles! Soy adulta, quiero saber qué programa nuevo han puesto en la tele y a quién tenemos que despellejar, cuál es el *jingle* del anuncio de moda o simplemente ver a Matías Prats anunciando algo. Lo que sea. Que levante la mano el padre que se sepa la sintonía de la serie que ven sus hijos o los nombres de sus personajes.

La cosa es que cuando se hacen un poco mayores todo se complica incluso más. Porque en el fondo los dibujos animados de niños pequeños más o menos están todos bien. Son todos blancos de contenido, hay mucha paz y amor y salvo que le cojas manía a alguno (yo no podía con *Dora la Exploradora*, era superior a mí), en principio no hay mayor problema. Pero los de más mayores, tela marinera.

Mis hijas a veces pretenden ver cosas que yo les digo que les matan las neuronas y no lentamente, ¡a puñados! Y encima lo hacen a traición, dejando la tele encendida un poco más cuando ha terminado lo que realmente querían ver haciéndose las remolonas.

—¿Pero qué haces viendo eso? ¡Si es terriblemente malo!

Como respuesta, una mirada culpable hacia el suelo y la nula intención de apagar la tele

—Tira, apaga eso ahora mismo, que me pone de los nervios. ¿Pero no ves que son idiotas perdidos? Apágalo. Ya.

—Joooooo.

«Jo», pronunciado con diferentes entonaciones es una de las palabras imprescindibles en el vocabulario de una preadolescente. No es lo mismo «¡Jo!» (seco, y con una leve inclinación de cabeza equivalente de ahora te fastidias), que «Jooooo» que es un ruego, o el clásico «jo» resignado. Nunca una palabra estuvo tan llena de matices como ésta. Pura poesía.

Y es que si no te preocupa lo que pueden aprender de las series de televisión, debería. Desde gestos ofensivos, hasta palabras, gestos, expresiones... ¡De todo! También la manera de bailar. A veces mis hijas bailan de unas formas que no sabes dónde meterte. Porque claro, ciertos movimientos de bailarina de barra americana en una pitufa de ocho años dan mucha cosa. Mucha, mucha cosa. La siguiente duda es tú, que lo has dado todo en las discotecas y que te crees Beyoncé bailando (y más bien eres Ginger Rogers, pero por vieja, no por virtuosa), ¿qué haces? ¿Le dices que no haga esos movimientos porque son un poco demasiado sexuales? ¿Que es raro de la muerte mortal? ¿Que te da vergüencita, como si fueras la puritana que no eres? Es muy difícil explicar que es una simple cuestión de edad. Lo más fácil es que te hunda en la miseria con un «es que eres una antigua, mamá». Así que te muerdes la lengua y suspiras por aquellos años en los que bromeabas diciendo que ibas a acabar siendo la suegra de *Pocoyó*. Perra vida.

# ¡Hay películas en las que hay gente de carne y hueso!

«Si el cine consigue que un individuo olvide
por dos segundos que ha aparcado mal el coche,
no ha pagado la factura del gas o ha tenido una discusión
con su jefe, entonces el cine ha alcanzado su objetivo».
Billy Wilder

Cuando acabas de tener a tus hijos pasas por una de las travesías culturales por el desierto más grandes de tu vida. Da igual que antes fueses un ratón de biblioteca o incluso que te saludaran los empleados de la filmoteca si se cruzaban contigo por la calle; tienes un bebé y todo esto queda a un lado. En algunos casos esto no es demasiado problema, pero para otras personas supone un drama de dimensiones épicas.

Suena más dolorosa la perspectiva que la realidad mientras la estás viviendo, en honor a la verdad. Cuando tu hijo duerme poco, se alimenta constantemente y requiere toda tu atención, lo que anhelas no es un buen libro sino poderte dar una ducha sin oír lloros de fondo o dormir un par de horas de un tirón. Así de básica te vuelves.

A la lectura acabas por regresar. En mi caso fue leyéndome todo lo que cayó en mis manos sobre maternidad. Acostumbrada como estaba a buscar en los libros todas las respuestas, necesitaba saber por qué diablos mi hija menor lloraba diez horas al día pese a todos mis esfuerzos. Y aprendí a leer con un bebé colgado de mis pechos ya que era la única manera de que no llorase. Con el tiempo he vuelto a leer de todo aunque mi avidez no es la misma que antaño. Supongo que tiene mucho que ver con mis hábitos lectores porque yo cogía un libro y lo terminaba del tirón, daba igual las páginas que tuviese. Me sentaba y lo acababa. Siempre. Ahora es virtualmente imposible. Es aposentarme en el sofá o en la cama y de repente a mis hijas les entran todo tipo de necesidades, acuciantes todas, y miles de preguntas por resolver. Echo mucho de menos evadirme del mundo y viajar durante horas con la mente, pero por el momento es todo un continuo *coitus interruptus*. Súper y muchas veces *interruptus*, diría yo.

Lo mejor de ser madre culturalmente hablando es que recuperas en tu vida la literatura infantil y la juvenil. Vale, leer los libros de *Dora la Exploradora* no es lo más estimulante del mundo (yo sostengo que incluso a veces pueden bajarte un punto o dos el cociente intelectual) pero hay auténticas maravillas que tenías olvidadas y que siguen siendo igual de fantásticas como cuando tú las leías. Los libros de Roald Dahl. Enid Blyton. Los *Asterix*. *El mago de Oz*. *Cuando Hitler robó el conejo rosa*. Yo conservo como si fuera un tesoro mi copia del descatalogado *El paquete parlante* de Gerald Durrell para tendérselo a mis hijas como aquel que pasa un tesoro de la familia. Es literalmente lo que significa para mí.

Para una persona con Diógenes de libros como yo (al que dijo que «el saber no ocupa lugar» le digo yo que ¡JA!), la literatura infantil es el paraíso. Nada como volver a esos mundos de fantasía y a esas historias con ojos de mayor. Tienes la sensación de estar regalándoles a tus hijos el cielo, eres como Willy Wonka abriendo la puerta de la fábrica de chocolate. No sé quién disfruta más, si los niños con las historias que les leemos o nosotros mismos.

La literatura infantil te ayuda sin duda a soportar mejor el síndrome de abstinencia de historias y libros adultos. Algo peor se lleva el dolor de la cinefilia perdida. Cuando los niños son muy pequeños ocurre como con los libros: las películas son un lujo que no te puedes permitir y ni siquiera lloras por ello. Pero así como con la literatura venía algo bueno a continuación, con el género audiovisual no ocurre exactamente lo mismo.

La televisión. Primero es complicado encontrar la mesura. Si fuera por los niños la verían en bucle y esto es una fuente importante de discusiones. «Un capítulo más y la apagamos sin discutir», te oyes decir, pero eso nunca pasa. Como decía una amiga, si el fin del mundo está cerca, por favor, que lo anuncien en Clan o no me enteraré. Los canales para preescolares son más o menos decentes, pero luego dan el salto a los canales de niños-pero-no-de-pequeños y ahí sí que te quieres morir un poco. Y luego está el cine. Ya no es tan fácil como decir «hoy tengo ganas de ver una peli» y plantarte en una sala. No. Ahora requiere una planificación que ni el desembarco de Normandía. Si son lactantes hay que ver cuánto tiempo puedes aguantar sin que te exploten los pechos. Si no lo son y van al cole hay que cuadrar horarios con los suyos dejando apañada la logística. Las madres de familia numerosa tienen además un *bonus* que es que no se colocan igual dos hijos que tres. El salto que supone tener un hijo extra hace que sólo se pueda ir al cine a ver cosas de adultos cuando hay una alineación de astros.

Durante bastante tiempo el cine se ve en casa y ahí sí que sufres porque no es lo mismo ver la última de *La guerra de las galaxias* en pantalla grande que en tu televisor, por más pulgadas que tenga. Ya lo decía Alejandro Sanz, no es lo mismo, es distinto. Y vaya que sí lo es. Durante el día es complicado ver películas de adultos, no te apetece mucho que tu hija aparezca en el salón cuando Christian Grey le está dando lo suyo a Anastasia Steele. Así que se ven películas de niños. En bucle, tanto que acabas por pensar que no hay mundo más allá de los dibujos animados. Las películas de adultos (y no me refiero precisamente a las que van de sexo duro, sino simplemente a aquellas no protagonizadas por animales parlantes) se ven por la noche y con lo agotada que estás el sofá o la cama hacen su magia para que prácticamente sea imposible terminar alguna.

En casa, mis hijas han salido tan nocturnas como yo, así que nos ha tocado buscar una transaccional y tratamos de ver películas no necesariamente para niños pero que sean aptas para todos los públicos. Hubo un tiempo en el que no hacía más que buscar material para mi hija, que con seis años veía una media de dos películas a la semana ¡y tenían que ser distintas además! Un día le dije: «Cariño, ¿has creído que soy un videoclub? ¡En algún momento tendremos que repetir película!». Su respuesta: «¿Qué es un videoclub?». Pillada.

Como cinéfila de pro esperas con ansia el día en que tus hijos estén preparados para ir al cine. A veces sucede como con el salto de la reja en el Rocío y se producen amagos. Mi hija pequeña se echó sus buenas siestas en la butaca antes de ser capaz de ver una película completa. Pero cuando esto ocurre es como magia. Ya no necesitas excusa para ver ciertos bodrios que te daba vergüenza ver, ¡son para niños! «¡Cariño, no hace falta que vengas, que me llevo a las peques!». Tu pareja feliz porque por fin se libra de eso que considera basura (y a veces no está tan desencaminado, ojo) y tú contentísima porque tienes cómplices y un motivo, señoría.

La verdad es que pocas cosas hacen más ilusión que cuando tus hijos heredan tus aficiones. Da igual la que sea: hacer música, el senderismo, el manga, los superhéroes, la lucha grecorromana... Los padres nos hinchamos como pavos cuando vemos que nuestros hijos son pequeños *mini-yó*. A mí hay pocas cosas que me hagan sentir más orgullosa que ver a mis hijas calladas mirando al frente y recriminando al señor cincuentón de delante que al cine se va para estar callados.

# Soy madre, no estoy muerta

«Allí estábamos esa noche. Entre sexo alocado y un bebé».
*Sexo en Nueva York, la película*

Por alguna extraña razón todos tendemos a asexuar a nuestros padres, cuando la evidencia nos dice que al menos una vez se tuvieron que acostar porque aquí estamos nosotros. Pero nuestra cabeza no quiere siquiera pensar en ello. De ninguna de las maneras. «¿Mis padres? NOOOOOO», tratas de quitarte esa imagen de la *cabeza ipso facto*. ¡Satán, sal de mi cuerpo!

El caso es que ahora estamos en el lado contrario: nosotros somos los padres de las criaturas y tenemos claro que no nos reprodujimos por esporas. Es más, que de la reproducción podemos pasar en un momento dado, pero de intentarlo, no.

Cuando eres un adolescente o una jovenzana de veintipocos años, una persona de treinta y tantos o cuarenta te parece vieja y acabada. La realidad es que con esos años no se puede estar más viva. Pero tiene su lógica. Tú piensas en tu madre cuando tú tenías esos años y para ti era la persona de referencia, la autoridad, la que tenía el poder. No podías verla como a una igual. Lo triste y doloroso del asunto es que tú la veías vieja, pero es que, amiguita, posiblemente tu madre era más joven de lo que tú eres ahora. ¡Y tú eres joven no, ¡jovencísima! ¡Jovencisísima! ¡Una pipiola!

La vida siempre ha sido así. Mujeres de cuarenta que se enfadan cuando una niña de veinte las llama «señoras» porque eso las hace viejas, y veinteañeras que se ríen cuando uno de cuarenta y tantos dice que los de su quinta son jóvenes. Está claro: cuantos más años cumples, más lejos vas poniendo el listón de la juventud. Con veinte el listón está en treinta, cuando los cumples lo elevas hasta los cuarenta y así sucesivamente. Alguno, llegado a una cierta edad, asume que puede «estar hecho un chaval» pero que, definitivamente, ya no lo es. Otros, no. Y no hay nada más triste que un vejestorio yendo de jovenzuelo por la vida. Desde el cariño os lo digo.

El caso es que haber vivido unas cuantas vueltas al sol no te convierte en anacoreta. Ya has cumplido con tu obligación reproduciéndote, ahora retírate a vivir de la contemplación. Va a ser que no. Las mujeres tenemos ojos para mirar, vagina para mantener relaciones y deseo, exactamente igual. No somos plantas. ¡Estamos vivas!

Vale que no tenemos edad para forrar carpetas con nuestros ídolos como cuando éramos adolescentes. Sobre todo porque no tenemos carpetas más que las del trabajo, un pequeño detalle sin importancia, y no me imagino yendo a una reunión, no sé, con tu jefe de área con el archivador lleno de fotos de Michael Fassbender. En todo caso, deberían hacer algo así pero para las treintañeras que somos hijas de la *Superpop*.

## *Imaginemos una revista llamada «Superpap». Así sería su portada:*

— 10 cosas que ponen *hot* a George Clooney.
— Regalamos un póster tamaño natural de Fassbender.
— El sexo con maduritos. ¡Nos gusta la fruta madura!
— Encuesta: ¿Depilación pectoral o *frondoso style*?
— Especial sexo en la oficina: Dónde montártelo sin que tu jefe se entere.
— Testimonio: Mi marido me roba las cremas.

En honor a la verdad, he de decir que cuando tus herederos son muy pequeños no es la etapa más sexual de tu vida. Cuando duermes una media de tres o cuatro horas al día a lo sumo, el sexo no se encuentra en el número uno de tus prioridades vitales. Si te dan a elegir entre dormir del tirón un día, darte un ducha tranquila, estar en el salón haciendo la fotosíntesis o acostarte con tu pareja pocos serán los que elijan así, a bote pronto lo último. Que sin sexo se sobrevive, aunque sea malamente, pero sin pegar ojo, no.

A esto se une que en muchos casos la libido se va de vacaciones y simplemente no te apetece siquiera que se te acerquen. No a todos, que ahí están todos esos hijos engendrados justo después de la cuarentena, pero sin duda es más normal de lo que pensamos este momento de castidad elegida. Pero claro, la vida se ve de otra manera cuando duermes más y esto suele ser una etapa.

Con el tiempo volvemos a nuestro ser y sobre todo, al sexo oral. A hablar de sexo, vamos. No hay nada mejor que poner en común con las amigas este tipo de cuestiones. Y es que tener pareja no es óbice para dejar de mirar. Aunque estés a dieta puedes mirar el menú ¿no? Sobre todo cuando los platos que se te ponen por delante son dignos de un restaurante de tres estrellas Michelin. Cuando tienes ya una edad puedes alegrarte la vista con los señores (o señoras) estupendos que se te ponen por delante.

Y soñar es gratis. En *Friends,* Ross Geller puso sobre la mesa el concepto cinco polvos que no cuentan como infidelidad. O sea, que todo el mundo debería tener una lista aprobada, firmada y plastificada si es necesario en la que especifique que hay cinco hombres con los que está permitido acostarse y que no cuentan. Imagínate: se produce una carambola en el universo y un día resulta que tienes a tiro a, digamos, Brad Pitt, que en ese momento está soltero y que te gusta más que comer con los dedos. ¿Vas a dejar que se marche por el pequeño, insignificante, nimio detalle de que estás casada? El sentido común y tus amigas te dicen que esto es un claro no. Hay que hacer lo que hay que hacer y, sobre todo, luego contárselo a ellas. Por supuesto es un derecho de ida y vuelta: si tu marido se cruza con la Johansson y le pone ojitos, tú tendrás que agachar las orejas... e irte con Mr. Pitt.

Para que todo esto no sea un tremendo sindiós sólo pueden ser cinco, los que más nos gusten. Y para que luego donde dije digo no digas Diego tiene que estar de algún modo por escrito. Yo, por si acaso, mi lista la tengo hecha. Mi marido se ríe, pero de momento no ha escrito la suya. Él se lo pierde.

En cuestión de hombres (de los de mirar) con los años vas cambiando de gusto. Lógico, también tú te haces mayor así que a los jovenzanos de veintipocos los miras pero desde la lejanía. Cuando estás en el mercado los evalúas de distinto modo, igual que antes cuando veías a una chica guapísima con una minifalda cortísima te daba envidia y ahora sólo te da frío. Para empezar has subido el listón de la edad máxima. Antes te centrabas en los de tu edad o un poco mayores y ahora estás al canto de un duro de empezar a mirar en los geriátricos. Debates con tus amigas sobre «el punto de los hombres». Ese momento en que pasan de ser unos maduritos atractivos a ser unos yayos y lamentas profundamente cuando símbolos sexuales tuyos de antaño han pasado ese punto de no retorno como Harrison Ford o incluso Richard Gere. En tu mente están lozanos y estupendos pero luego llega la realidad y te da una bofetada. Con la mano abierta.

Conforme cumples años te vas fijando en muchas más cosas de los hombres más allá de su buenorrismo aparente. Está bien que estén cañón, sí, pero no te va de un músculo marcado más o menos. Al revés, agradeces cuando sonríen, los mil matices que les encuentras a los gestos que hacen, su sentido del humor. La sofisticación de la admiración. Definitivamente, te has vuelto una *gourmet* del mirar. Y no entiendes qué les ven todas esas veinteañeras a estos *viceversos* que sabemos que músculos tienen pero lo del cerebro... está por demostrar. Tú sabes que sí, que para un revolcón no estará mal la cosa (y a nadie le amarga un dulce), pero en esta etapa de tu vida ni siquiera cuando sueñas en voz alta te plantearías estar con una pareja con la que sabes que no vas a poder hablar más de diez minutos. Y eso con suerte.

Te has hecho mayor, sigues sexualmente activa y te gusta mirar lo tremendos que están algunos. Y tienes la edad suficiente como para poder hablar de ello con normalidad sin que nadie se escandalice y que, si lo hacen, te importe entre cero y nada. ¡A estas alturas de la vida vamos a tener que andar escondiéndonos como si estuviéramos haciendo algo malo!

Lo que peor, peor, peor llevo de todo es cuando me sorprendo mirando a Pablo Alborán y me digo ¡éste para mi chica! Si eso no es un signo de la mediana edad, que baje Dios y lo vea.

# Ese hombre que tú ves ahí

«Cuando te das cuenta de que quieres pasar el resto de tu vida con alguien, deseas que el resto de tu vida empiece lo antes posible».
Harry (Billy Crystal) a Sally (Meg Ryan) en *Cuando Harry encontró a Sally*.

Un día mi amiga Lourdes nos contó completamente indignada una conversación que tuvo con una conocida a la que no veía habitualmente:

—Resulta que el otro día me encontré con Menganita y me contó que se ha separado —dijo hablando de una tercera amiga en común.

—¡Oh! ¡No sabía nada! —contestó Lourdes.

—Pues sí, chica —continuó la otra—. No paraban de discutir y, aunque lo intentaron, al final tomaron la decisión y están ahí, con los trámites del divorcio.

—¡Vaya!

—Claro, es que no todos tienen la suerte que tienes tú con tu marido, que os va todo tan bien.

—¿Suerte? ¿Cómo que suerte? Mi marido y yo nos lo curramos mucho para que lo nuestro funcione. No hay nada de suerte en ello.

Y tenía toda la razón. Vivimos con la absurda idea que nos han metido en la cabeza de que lo complicado es dar con la persona adecuada para nosotros. Los cuentos de hadas, las películas románticas y los libros de *chick-lit* se centran en la búsqueda del amor, las mil y una vicisitudes que suceden por el camino hasta que das con el elegido (o elegida). Una vez que has superado los obstáculos que hay por el camino suena una música hiperromántica, los dos amantes se funden en un beso y aparecen las letras. Y chimpún. A otra cosa, mariposa.

En la vida real es una lástima, pero la única música que va a sonar es la que pongas en tu móvil. Algunas veces he fantaseado con lo chulo que sería que nos acompañara una banda sonora constantemente para darnos pistas sobre si lo estamos haciendo bien, mal o para avisarnos de que tenemos un psicópata al lado. Sería muy útil, ciertamente. Aunque lo mismo es cuando en las películas huele a muerto a tres leguas (una cena con mayordomo con gente muy chunga, el típico malo al que no han rematado suficiente, un payaso) e ignoran repetidamente las señales.

Conseguir encontrar una persona con la que compartir tu vida y fundar una familia no es sencillo, pero mantenerla es más complicado aún. La gente no suele airear sus trapos sucios, salvo cuando van a un polígrafo en Telecinco, que entonces, sí. Esto nos crea la falsa sensación de que todo es fácil a morir, que los matrimonios con o sin papeles aguantan por los siglos de los siglos por ciencia infusa y que lo raro es que algo fracase. La realidad es que si el amor perdura a lo largo del tiempo suele deberse a una buena elección primero pero a mucho trabajo después, a querer de verdad estar con esa persona y a hacer bastantes concesiones uno y otro. Al fin y al cabo, cada uno somos de nuestro padre y de nuestra madre, nunca mejor dicho, y lo que para unos es lo normal, para otros, no.

A mí me hace mucha gracia cuando oigo que algunas parejas tuvieron un hijo para arreglar los problemas del matrimonio. ¡Animalicos de Dios! Los hijos no sólo solucionan nada sino que, sin duda alguna, lo complican todo aún más.

El embarazo es una de las épocas más extrañas para muchas mujeres en el plano sexual. Vamos de hormonas hasta las cejas, lo que afecta a nuestra libido. Algunas cuentan que no se han sentido tan excitadas sexualmente como cuando estaban embarazadas y otras por el contrario cuentan que casi se les regeneró el virgo en esos nueve meses. O (casi) ninfomanía o la más absoluta castidad. Ahí es nada. Suerte o verdad. Además del deseo, que va por libre, está el hecho de que físicamente puedes encontrarte maravillosamente, pero objetivamente tu cuerpo está distinto. Muchas se sienten guapas y sexis (aunque torpes al final del embarazo) pero otras no llevan demasiado bien lo de los kilos engordados.

Y luego está tu contrario. Algunos no ven problema en tener relaciones con su mujer embarazada, pero otros por el contrario tienen el absurdo temor de hacerle daño al bebé. ¿Perdón? Nadie tiene el miembro tan grande como para darle en la frente al bebé. Creedme.

Después de dar a luz, todo cambia necesariamente. Antes jóvenes, liberados, sin ataduras (y con casa) disfrutabais del sexo sin tener que pensar en nada más allá del nos apetece, pues allá que vamos. Cuando tienes a tu primer hijo la espontaneidad se acaba. Radicalmente. Muchas veces, además, el deseo sexual se va a comprar el pan y no tienes ni fuerza de irlo a buscar. No duermes, no tienes tiempo ni de ducharte..., de hacer el amor, ni hablamos.

Tu pareja, ese hombre (o mujer) que tú ves ahí tiene que lidiar con ese saco de hormonas en el que te has convertido en un primer momento. No eres tú, soy yo. Más allá de que cada uno seamos especiales y tengamos nuestro humor y manías, objetivamente los cambios hormonales hacen que la versión que se muestra de nosotras en un primer momento no se acerque mucho a lo que somos de verdad. La naturaleza nos ha programado químicamente para que en este primer momento nuestra prioridad sea esa cosa que llora y no te deja dormir: tu hijo (por si tenías dudas). Tu pareja, a la que antaño colmabas de atenciones, pasa a un doloroso segundo plano. Y quien dice segundo dice tercero, cuarto... Estar exhausto es lo que tiene. Mi amiga Alba, que tuvo gemelos después de su primer hijo, contaba que durante un tiempo su único contacto con su marido era cuando se daban el relevo a altas horas de la noche medio zombis en mitad del pasillo. El resto del tiempo bastante tenía con intentar sobrevivir y dormir algo para no acabar desmayada de puro cansancio.

Lo cierto es que cuando hay un bebé en casa te mueves casi por inercia, solucionando las cosas según se presentan. Apagando fuegos, vamos. Tu enano demanda atención y entre hacer caso al que no se puede limpiar solo el culo y el que sí, pues eliges normalmente al primero, con la esperanza de que en algún momento por alguna alineación de astros vuelva a coincidir tu órbita con la suya.

Pero todo pasa y todo queda, como decía Machado, y en algún momento la presión comienza a aflojar. Tienes una persona a tu lado, con la que has estado en el fragor de la batalla pero a la que no has podido dedicar mucho tiempo. Es rarísimo cuando sales la primera vez sin hijos.

## Cosas que pasan la primera vez que sales sin tus hijos

— ¿Ah, que hay gente por la calle a las 11 de la noche? ¿En serio? ¿La gente no tiene casa?
— Donde esté la profundidad de argumento de *Frozen* que se quiten todas estas películas con humanos de protagonistas… ¿Y en serio no cantan los protagonistas?
— ¿El menú infantil, por favor? Es que si la comida no tiene patatas, macarrones o ketchup se me hace raro.
— Uy, perdón, te he limpiado la boca sin darme cuenta… Ay… No tenía que darte a ti la comida… La inercia, ya sabes.
— ¿Y de qué hablamos? ¡Sobre todo que no sea de nada de los niños! Pero es que son tan monos y los echo tanto de menos… Y me siento tan culpable por haberlos dejado (aunque hayan pasado totalmente de nosotros y se hayan quedado felices de la vida con los abuelos que estaban deseando quedarse con ellos).
— ¿Sólo son las 12? ¿De verdad? Pues por el sueño que tengo parece que las tres de la mañana.

Tener un hijo para solucionar los problemas de un matrimonio es como intentar cultivar rosas en medio de una inundación: una osadía. No hay escenario más complicado que ése. Si no funcionan las cosas con tu pareja antes, menos lo van a hacer después. Eso sí, lo que no te mata, te hace más fuerte. Si pese a todo conseguís sobrevivir al vendaval, seguro que os querréis más y mejor.

Cuando eres más joven piensas que el amor es lineal, que quieres siempre igual. La realidad es que en el amor hay que currar mucho, aceptar que la intensidad no siempre va a ser la misma, subir, bajar, elegir las batallas que queremos pelear, ceder en unas cosas y ganar en otras. Vivir, en definitiva. Si además le sumamos que ahí tienes unos hijos que te presta un rato la vida para educarlos para que sean gente de provecho y, sobre todo, lo más felices posible, todo se complica. Se supone que has elegido una persona compatible contigo, que va en la misma dirección que tú..., pero por más de acuerdo que estéis en la mayoría de las cosas es imposible estarlo en todo. Siempre hay aristas, roces, siempre.

A pesar de todo, en mi caso me alegro de vivir la experiencia de la maternidad compartiéndola con mi marido. Las penas juntos son menos penas y las alegrías cuentan doble. Y además tengo excusa para no bajar al parque: en nuestro reparto de tareas, de eso se ocupa él. ¿Quién dijo que la vida no podía ser maravillosa?

# Las redes sociales no tienen botón del pánico

«En el pasado eras lo que tenías. Ahora eres lo que compartes».
Godfried Bogaard, experto en redes sociales

Una vez, mi abuelo me hizo una promesa. Lo cierto es que fue una de de esas que haces por hacer, que lanzas a la ligera: «Si gano en bolsa, te compro un ordenador», dijo viniéndose arriba. No pensó mucho en las consecuencias. Si algo tenemos en común las mujeres de mi familia es que somos terriblemente persistentes y no estamos dispuestas a renunciar a nada que creemos que nos corresponda. Cuando me enteré, casi de casualidad, de que las cosas habían ido bien empecé a reclamar lo mío. No sé cuánto tiempo lo estuve taladrando para que cumpliera su promesa, posiblemente bastante, así que tuvo que rendirse a la evidencia de que no lo iba a dejar pasar como si nada.

Tenía unos 14 años cuando entró el primer ordenador en casa. Pesaba un quintal, la pantalla era descomunal y tenía las letras en un sexy color verde que como mucho podías cambiar a blanco o ámbar. Eran tantas las ganas que tenía de tenerlo que no me echó para atrás que hubiese que trabajar con el ingrato MS-2 o con Basic y que lo que yo pudiera hacer fuera terriblemente sencillo (e inútil). Tenía un ordenador. Más tarde añadimos un procesador de texto, sencillo, luego la enciclopedia Encarta, la abuela de la Wikipedia. ¿Qué más podía pedir? No lo sabía todavía, pero ¡una conexión a Internet!

Mi generación no es nativa digital. No nacimos, como lo han hecho mis hijas, con un ordenador en casa. Cuando yo era pequeña, el teléfono era algo que estaba en casa, con un auricular pesado y no había madre del mundo que no amenazara con ponerle un candado cuando hablabas de más. Pero es que no existían las tarifas planas y las llamadas interprovinciales eran tan caras que más de una vez te mandaban a la cabina no fuese a ser que la factura del teléfono se disparase. Nos reímos cuando salieron los primeros teléfonos móviles. Las personas que iban hablando con ellos por la calle nos parecían esnobs. *Motorolos*, los llamaban, por la marca que los popularizó. Nuestros hijos se reirán de nuestra costumbre de llamarlas «nuevas» tecnologías ¿Cómo puede ser nuevo algo que siempre ha estado ahí para ellos?

Recuerdo cuando mi madre se apuntó hace un montón de tiempo a un curso de informática y mi hermana y yo nos moríamos de risa cuando nos contaba que había quien tenía auténticos problemas ¡para encender el ordenador! Nos imaginábamos a las cincuentonas (que nos parecían viejísimas, y oh-dios-mío lo cerca que se ve esa edad ahora) peleando con los ordenadores. Lo cierto es que cuantos más años cumples, tienes la sensación de tener menos cosas en común con Mark Zuckerberg que con esas señoras que querían un móvil con los números bien grandes y las mínimas funcionalidades posibles para no hacerse un lío.

Tecnolerdez: dícese de esa sensación basada en hechos reales de que, a veces, la tecnología te supera. La tecnolerdez aumenta con la edad; cuando eras más joven cogías las instrucciones para configurar algo con entusiasmo y actualmente ves esos manuales inmensos y empiezas a sudar tinta antes de empezar. Todo se nos hace más cuesta arriba de lo que nos gustaría.

### Hace unos años:

Tú: «Mamá, ¿Puedes programar el vídeo para que me grabe la película de por la noche en la 1?».

Tu madre: «... Pues es que tu padre tocó el otro día los cables y nos hemos hecho un lío. No tenemos ni idea de si está bien conectado o no. Y luego tendría que mirarme las instrucciones porque no sé si sabré. En todo caso, me voy a poner la alarma para acordarme, que si estoy delante sí que sé a qué botón tengo que darle para grabar. El rojo, ¿no?».

### Dentro de unos años:

Tu hija: «Mamá, qué complicado lo haces todo. ¿No sería mejor que utilizases la aplicación (rellénese con el nombre que se quiera)? Es muy fácil de usar, es súper intuitiva y te costaría hacerlo la mitad de la mitad».

Tú: «Pues es que lo he intentado y me he liado. No encontraba nada, de hecho no tengo nada claro que no lo haya roto. Si no funciona, he sido yo».

Supongo que es algún tipo de venganza cósmica por haber puesto los ojos en blanco cuando éramos más jóvenes y veíamos que algo se le quedaba grande a nuestros padres. O eso, o que la evolución consiste en eso, hijos riéndose de sus padres en bucle.

La tecnología nos asusta porque no sabemos dónde están los límites. Al principio, cuando son bebés, nos resistimos y podemos hacerlo. Nosotros somos los que tenemos el poder, y por el poder entiéndase la tableta. Tú, en tu inmensa magnanimidad, decides cuando sí y cuando no. Ahora me voy a duchar, así que le dejo un poco que vea el canal Clan en la *tablet*. Vamos a jugar juntas a este juego súper educativo, un ratito, luego lo guardamos. Y cuando consideras que ya está, pues se guarda. Pero conforme van pasando los años vas descubriendo que hay que luchar cada vez más para que estén un tiempo razonable y se vuelven un poco yonquis de la tecnología. Pero ¿de qué te vas a extrañar tú que estás todo el día con el teléfono en la mano, que te conviertes en la representación de *El grito* de Münch cuando ves que sólo le queda un 20% de batería y que hiperventilas cuando no hay una *wifi* a mano o tu tarifa de datos está a punto de acabarse? A ti te gustan las cosas buenas de la tecnología, pero te asusta a partes iguales en tus hijos.

Si hay algo que nos da terror son las redes sociales. Nuestra infancia, nuestra adolescencia, nuestros primeros novios son analógicos. Nuestras fotos se amontonan más o menos ordenadas en álbumes. Tampoco hacíamos tantísimas fotos como actualmente. Había que llevar la cámara, que pesaba lo suyo, comprar carretes y rezar mucho para que cuando lo revelaras hubiese alguna foto decente. Ahora quien más quien menos lleva el teléfono en el bolsillo y todos tenemos cientos de fotos a mano. Antes las fotos en las que salías con un ojo a la virulé, con una pose cuestionable o con pelos de loca se perdían discretamente antes de llegar al álbum. Si rompías con tu novio, con cortarle de la foto llegado el caso ya estaba (porque si había algo incómodo y poco práctico eran los negativos de las fotos, que se perdían siempre). Ahora no hay nada de eso. Las redes sociales hacen que todo corra a velocidad de vértigo. Y eso da mucho miedo. Te imaginas a tu tierna María intercambiándose fotos en un futuro con su novio y pides por favor que hayas sabido inculcarle algo de sentido común para saber dónde están los límites.

Intentar alejar a los niños de la tecnología y negar la evidencia de que en unos años van a empezar a utilizar las redes sociales es de ilusos: los niños ven la posibilidad de tener su propio teléfono móvil como el monolito de *2001, una odisea del espacio.*

—Mamá, ¿cuándo podré tener móvil? —te pregunta tu hija en su candidez.

Tú estás tentada de contestarle «hasta los cuarenta nada, cariño» y quedarte más ancha que larga, pero suspiras y contestas:

—No sé, cuando seas mayor.

—Pero yo ya soy mayor. Me lo dijiste el otro día cuando me dijiste que me preparara yo sola la leche, que ya era mayor. Utilizaste estas mismas palabras, ¿recuerdas?

Mierda, tiene razón.

—Cuando seas MÁS mayor: lo que viene siendo mayor-mayor. Hay distintos grados: se puede ser mayor para vestirse solo pero no para tomar café, por ejemplo. —Vaya jardín en el que te estás metiendo tú solita.

—Ya, pero eso ¿Cuándo será? ¿Con catorce? ¿Con diez? —contesta esperanzada.

—Con catorce —es tu respuesta, acorralada como estás.

Ahí, siento decírtelo, la cagaste Burt Lancaster. Ahora tu bombón ya tiene una fecha límite que esperará como el Santo Advenimiento. Y no creas que eso te va a librar de que te pregunte insistente y constantemente con un claro objetivo: rebajar ese tope. Todo el mundo sabe que tú no podrás zafarte de esa losa que te has autoimpuesto, pero ellos seguirán erre que erre para ver si flaqueas y ocurre antes. Poner una fecha sólo sirve para añadir tensión.

Lo cierto es que todo es presión. Ellos te presionan a ti pero es que el entorno no ayuda. Es costoso mantenerte firme en tus convicciones cuando tu hijo afirma día sí y día no que «todos» lo tienen y que él es el raro. En el fondo el «todos mis amigos tienen móvil» es el nuevo «a todas mis amigas les dejan quedarse por ahí hasta la hora que quieran» de cuando tú eras adolescente. Un «todos» extremadamente relativo. Pero es que tus hijos dominan, igual que hicimos nosotros, que tampoco éramos ningunos santos, las técnicas del chantaje emocional. El poli malo «eres una antigua» y el poli bueno «serías la mejor madre del mundo si lo hicieras». Nada nuevo bajo el sol.

Y mientras llega ese día, tú tratas de educarlo para que sepa lo que está bien y lo que no. Al fin y al cabo, es lo que tiene que se hagan mayores. Hay que confiar en ellos aunque en nuestra mente sigan teniendo tres años. La pura vida.

# Los amigos

«Son mis amigos, en la calle pasábamos las horas.
Son mis amigos, por encima de todas las cosas».
Amaral

¡Qué sería de nuestra vida sin amigos! Todos, de una manera o de otra, buscamos rodearnos de gente que comparta aficiones con nosotros, que nos saquen la sonrisa y que nos hagan la vida mejor. Quien tiene un amigo tiene un tesoro. O un grano en el culo a veces, que eso también. Los amigos son como los hermanos que elegimos, nuestros paños de lágrimas cuando estamos tristes y los que más se alegran cuando las cosas nos van bien.

La maternidad es un momento incierto en la vida de las personas. Te has pasado muchos años cerrando bares al amanecer, disfrutando de tus *hobbies* y de repente tienes a una pequeña personita que absorbe todo tu tiempo y que limita mucho tus opciones de salir. No tienes tiempo ni de rascarte el culo, a duras penas encuentras a veces el momento de darte una ducha y a tu marido lo conoces como «éste al que me encuentro en medio del pasillo a las tres de la mañana». Vamos, que bastante tienes con cuidar a tu Gremlin y un poco a ti misma, como para cultivar la amistad como lo hacías en tiempos.

Cuando eres pequeña básicamente cimientas la amistad en las horas de patio y de actividades compartidas. Ves a tus amigos a diario e incluso cuando faltan porque están enfermos es un gran drama. Estar en la clase de al lado puede hacer peligrar una amistad. Se es amigo por contacto, por ósmosis casi y se necesita la presencia constante del otro para que la cosa no se enfríe. Los cambios siempre hacen que las cosas se tambaleen. Amigos del colegio se quedan atrás cuando das el salto al instituto o a la universidad. Conforme creces vas separándote de tus amigos. Hay amistades que sobreviven al no verse todos los días, que aguantan kilómetros de distancia y que se acostumbran a compartir sólo los fines de semana o las vacaciones. Pero la maternidad es la gran prueba de fuego.

Por un lado está el hecho de que los huecos para verte están mucho más limitados. Las noches son territorio prohibido, ya no tanto por los horarios del bebé sino más bien porque pasan las 10 de la noche y te caes desmayada, casi en coma, en el sofá o en la cama. Como una Cenicienta tempranera. Por las mañanas la mayoría de tus amistades están trabajando. Para ti, que estás de baja por maternidad o de excedencia, es el mejor momento porque es cuando tu bebé está más descansado y más mono y te lamentas por ello. Puedes intentar acudir a la comida semanal de tus amigas cargada hasta las cejas con un bebé, su carrito y sus cosas, pero no siempre es fácil. Nosotras lo hicimos durante una buena temporada; estuvimos celebrando la «comida social» durante años con bebés de por medio. Cuando los niños empezaron a ir al colegio se complicó la cosa un poco pero hasta entonces no había nada que nos detuviera. ¡Lo llevábamos divinamente! Ésas son las amigas buenas, aquellas con las que quedas a comer y cuando apareces con los niños no sólo no dicen ni media palabra sino que te lo cogen para que puedas comer por una vez con las dos manos libres.

La maternidad es una gran prueba para la amistad y muchas veces no se supera. A veces tenemos a los hijos a la vez y estamos en momentos vitales similares, por lo que no tenemos nada que reprocharnos. Yo no tengo tiempo para nada, pero tú tampoco y como bastante tenemos con lo que tenemos pues no nos molestamos en echarnos nada a la cara. Nos entendemos perfectamente y vivimos la maternidad de maneras similares. Pero no siempre es así. La madre súper entregada no siempre entiende a la que no tiene ningún problema en dejar a su bebé con sus padres para irse a cenar por ahí. La madre cuyo hijo es un santo varón que duerme de corrido, al que prácticamente no han oído llorar, no comprende a la que dice que su hija no la deja vivir y se pasa el día llorando: «Si es que es una exagerada… ¡De todo hace un mundo!». Si te dicen hace unos años que ibas a discutir con tu amiga del alma porque ella es partidaria de utilizar el método del Dr. Estivill y tú eres más de Carlos González te hubieses echado a reír. Pero es que tener hijos saca nuestros instintos más primarios. ¡La vida es así!

Uno de los músculos que más tenemos que ejercitar cuando nos convertimos en madres es el de la paciencia. Con los hijos, que nos sacan de nuestras casillas. Con los opinólogos, que se meten donde no los llaman. Pero también con quienes son nuestros amigos y no piensan igual que nosotras. Si vas pidiendo respeto no puedes llegar tú y meterte en la vida de los demás. Así que te toca ponerte en modo zen, soy un tronco de bambú hueco, nada me perturba, y no saltar a la primera.

Pero si con las amigas que están siendo mamás a veces tienes roces, con quienes no están en ese momento vital y tampoco tienen hijos (ni se les espera) la cosa puede ser infinitamente más complicada. Es como si en un baile tú estuvieras tratando de bailar un vals con alguien que está dándole al hip-hop. Acompasar el ritmo es complicado. Ellas están en un momento vital en el que tú estuviste pero ya no. Y las madres cuando acabamos de tener nuestros hijos estamos a veces un poco pesaditas con el tema.

## *Conversaciones con tus amigas*

### Conversación 1

—Anoche salí de juerga y a las seis de la mañana estaba diluviando.

—Sí, ya lo vi. A las dos llovió un poco, paró a las tres, a las cuatro empezó a soplar el viento y a las seis llovía. Mi hija…, que me ha dado la noche.

—…

## Conversación 2

—Vaya peliculón que ha hecho Tarantino. ¡Me ha parecido la leche!

—Yo lo último que he visto es la última de Disney.

—...

## Conversación 3

—Este fin de semana he triunfado como la Coca-Cola. No sé si es que había una convención de tíos buenos pero, ¡no veas como estaban todos!

—Pues a mí se me debe de estar regenerando el virgo porque no me acuerdo de la última vez que me acosté con mi marido. En el sentido literal, lo tengo exiliado en el sofá porque la niña no para de moverse por la noche.

—...

Vamos, que es un poco complicado porque ya no es que los hombres sean de Marte y las mujeres de Venus, es que a veces las mujeres pueden ser también de Júpiter o incluso del (ex)planeta Plutón. Plutón verbenero, y a mucha honra. Lo que está claro es que si se sobrevive a esto, es que la amistad es para toda la vida. Y a los que se quedan por el camino, ¡pues aire! ¡Que bastantes cosas tenemos en nuestro día a día como para preocuparnos por gente que no nos aporta! A veces tratamos de retener en nuestra vida artificialmente a gente que hace tiempo que debería estar fuera. Así que adiós, *good bye, aufwiedersehen, adieu*.

Pero no sólo tenemos amigos los adultos. Si hay una época en la vida en la que es fácil hacer amigos es cuando eres niño. Si hay otros peques jugando en el parque, se les pregunta si se puede jugar y ya está. ¡Pan comido! ¡Con lo que nos comemos la cabeza los adultos! Los niños lo simplifican todo una barbaridad. Es muy interesante ver cómo nuestros hijos van estableciendo relaciones con los otros niños. Por lo general, cuando son peques coexisten con otros niños pero no interactúan. Es decir, como Michael Fassbender y yo, que estamos en la misma galaxia pero no interactuamos, para pena mía. Los niños igual. Tienen a otros niños al lado pero habitualmente van por libre. Sin embargo, a veces hay niños que conectan con otros realmente pronto y establecen unos lazos de amistad sorprendentes siendo muy pequeños. Los flechazos, que también existen en los más chiquitines.

Las amistades de los niños sufren muchos altibajos. Por la vida de los niños, por aquello de que constantemente los cambian de clase, desfilan un montón de amigos. A veces me da la sensación de que los adultos tenemos un poco de obsesión por que hagan nuevos amigos, por que se relacionen. Si fuésemos nosotros los que cada X tuviéramos que renovar todas nuestras amistades, otro gallo nos cantaría. Pero es verdad que resulta curioso observar como por una ventana lo difícil que es ir creciendo y relacionándonos. Se nos ha olvidado. Pasan de esa fase en la que no interactúan a otra en la que lo hacen con el primero que pillan, para posteriormente ir definiendo cada vez más las personas que les gustan. Cuando somos mayores queremos destacar, pero cuando estás en el colegio, en el instituto, lo que se busca es encajar de cualquier manera. Y así se repiten algunos roles que llevan toda la vida existiendo: niños tímidos, niños populares, niños que pasan de todo y mucha criatura buscando su sitio desesperadamente. Como madre, a veces percibes el dolor de esa búsqueda y te saldría ir a sacudir de los hombros a alguno de los que ha hecho sufrir a tu retoño. Porque siempre son los hijos de otros y nunca los propios.

En realidad, salvo en casos excepcionales, lo único que pasa se llama adolescencia. ¡Que Dios nos pille confesados!

# Las edades son relativas

«Dulce misterio de la vida, al fin te he encontrado».
*El jovencito Frankenstein*

Lo de los años es muy relativo. En tu carnet de identidad puede figurar la cifra que sea, pero a lo largo de tu vida rara vez la edad que quisieras tener concuerda con la que realmente tienes. Cuando eres pequeña, cumplir años es súper emocionante. No es lo mismo tener 8 que 9 ni por supuesto dar el salto a las dos cifras. ¡Eso ya es como de más mayores! Las dos cifras nos retrotraen a ese loco momento en que contamos la edad de nuestros hijos en meses. ¿Hasta cuando es aceptable hacerlo? ¿Hasta que tienen tres años? En esto suelen reconocerse a los padres primerizos a la legua. Si alguien te dice «Mi hijo tiene 25 meses. Bueno, 25 y una semana, para ser más exactos», no lo dudes, no tiene más hijos. Yo, por supuesto, podía haber dicho con la misma precisión que corta un bisturí el tiempo que hacía de la venida de mi hija mayor a este mundo, a la que esperábamos como un mesías. Cuando nació la segunda nos hizo igual de ilusión, pero claro, no nos pillaba de nuevas todo aquello y sobre todo teníamos muchísimo menos tiempo para andarnos con chorradas. Pasados los primeros meses en los que como no hacía más que llorar contábamos los días a ver si pasando la frontera de los cuatro meses, tras la que supuestamente todo empieza a asentarse, se calmaba, comenzamos a medir su edad redondeando. ¿Que tenía 11 meses? Pues decía que tenía un año. ¿16? No llega a año y medio. ¿26? Dos años. Y ya. Total, la precisión extrema sólo suele interesarle al pediatra, y a veces ni eso. Apuesto a que de un tercer hijo tendríamos problemas para no mezclar las fechas de nacimiento y acordarnos del año exacto, así a bote pronto.

Si tú preguntas a un niño de primaria su edad, te la dirá exactamente. Da igual que cumpla años una semana más tarde, seis es seis y hasta que no se cumplen, no se tienen. Los niños se pasan todo el año soñando con que sea su cumpleaños porque crecer es lo que más desean del mundo mundial. Da igual que tú les hayas prohibido crecer un centímetro ni cumplir un año más, los muy puñeteros tienen esa infame costumbre de hacerse mayores inexorablemente, sin pedir permiso a nadie. Pero lo de la edad es como el redondeo con la hora.

—Venga, vamos, que son las ocho y media y llegamos tarde al cole —dices cada mañana cuando vas con la lengua fuera como si fueras el conejo blanco de *Alicia en el País de las Maravillas*.

—Noooooooo, que no son y media, mamá, son Y VEINTINUEVE.

A ver cómo le explicas que da igual un minuto arriba o abajo, cuando vas tarde un cuarto de hora y te vas a encontrar con la puerta cerrada sí o sí.

Tú, la edad de tus hijos, no te la tomas igual de literal que ellos. Si vas a un parque acuático y la edad máxima en la que puede estar en una determinada piscina son ocho años tú piensas «bueno, tiene ocho y medio…, hasta que no se cumplen los nueve no cuenta». Y cuando cumple los nueve, dices: «En realidad, no cambia mucho respecto a ayer, así que no pasa nada». También crecen los niños milagrosamente. Si en una atracción pueden montarse a partir de los nueve, tu hijo que dos segundos antes había decrecido en su edad pasará a tener un año más, y bien cumplido. Y es que hay ciertas edades en las que la edad depende de las circunstancias. Como la altura de los niños, del calzado que lleven. Si hay una altura máxima, chanclas, y si la altura es mínima, entonces con plataformas y la coleta lo más alta que se pueda.

El problema es que esto es un poco difícil de explicar a los niños. Para ellos las cosas sólo pueden ser de una manera concreta, ya que carecen totalmente de picardía. En cambio, los mayores pretendemos que los niños nos sigan el rollo cuando no se enteran de la misa la media y nos enfadamos con ellos cuando no lo hacen. Somos así de infantiles nosotros.

—¡Hola! ¿Cuántos años tienes, niña? —pregunta el encargado del taller de manualidades al que has apuntado a tu hijas. Están en esa edad en la que por muy poco tiempo una debería ir al taller de pequeños y otra al de mayores, pero por una cuestión de logística tuya y de vergüenza de ellas prefieres que vayan al mismo. Total, la mayor sólo pasa unos meses. ¡Da lo mismo!

Miras a tu hija. Ella te mira a ti. Suplicas con la mente que mienta, sólo un poco.

—Tengo ocho.

Mierda. Es la pura verdad, pero... Mierda.

—Pues me parece que no vas a poder estar en este grupo entonces y tendrás que ir al de los más mayores.

Y en ese momento, la mayor dice que al de mayores no, que no conoce a nadie, la pequeña dice que sin su hermana no se queda en el de pequeños. Por tan poquito. Sólo una mentira piadosa, un quitarse unos meses, algo que los mayores hacemos constantemente. Un redondeo de nada. Así que ellas, tristes por no haber podido hacer el taller y tú, enfadada como una mona porque tu hija no ha mentido. Nótese la paradoja.

Pero luego los niños sí que aprenden a manejar lo de las edades como los adultos: a su favor.

—Mamá, ¿cuándo me comprarás un móvil? —te pregunta esperanzada.

—Ya lo hemos hablado: hasta los catorce, nada. —Y te acuerdas de todos tus muertos, por su buena memoria y por haber prometido algo cuando los catorce te parecían súper lejanos.

—¡Pero si ya los tengo! —contesta ella.

—De eso nada, que los cumples en 42 días. —Ahí, siendo puntillosa con los días.

—¿Pero no decías que daba igual un mes arriba o abajo?

*Touché.*

Pasados los diez años ellos no hacen más que desear que el tiempo pase a toda velocidad y tú lo que quieres es retenerlos, que no crezcan. Y te acuerdas de cuando eran pequeños, de cuando decías: ¿y cuándo comerá papillas?, ¿y cuándo andará?, ¿le saldrán los dientes?, ¿cuándo caminará?... Querías que pasara el tiempo rápido... y, luego, ya no. Pero los niños son ajenos a todo eso. Igual que hicimos nosotros, sólo quieren crecer. Los catorce, los quince años que tiene mi amor, dieciséis, una gran cifra que todas estábamos deseando cumplir porque ya podías entrar en determinados sitios. Diecisiete, que es una cifra mágica porque es «casi-dieciocho». Y la mayoría de edad. Los 18 años son una edad maravillosa porque ya puedes hacer cosas de adultos: votar, sacarte el carnet de conducir, beber legalmente... Y estás deseando cumplirlos porque crees que con esos años podrás hacer lo que te venga en gana porque para eso eres mayor de edad. Claro. Hasta que descubres que en tu casa la Constitución no rige y que las normas que de verdad valen son las de tus padres, que con la diplomacia que les caracteriza te dicen que eso es lo que hay y que si no, te busques otro sitio.

La veintena es una edad mágica. En el fondo todas creemos que somos tan jóvenes como entonces aunque nuestros huesos y sobre todo nuestros hijos se empeñen en llevarnos la contraria. «Soy súper joven de espíritu». Sí, ya, de espíritu, porque del resto... Con veinte tú salías hasta las mil, empalmabas un día de marcha con otro y tenías una sorprendente resistencia física. Dormías cuando podías y con eso ya estabas servida. Con cuarenta no te das cuenta de que el día de juerga viene después de haber salido a quemar las calles cuando estás que parece que te haya pasado un camión por encima. Has bailado cuatro canciones, a las dos de la mañana te da la sensación de que lleves días por ahí y te vas durmiendo por las esquinas. Con lo que hemos sido y en lo que hemos quedado. Salvo que seas biónica, como algunas de mis amigas, que no sé muy bien cómo siguen saliendo como si no hubiese un mañana y sobreviven con dignidad, el resto de los mortales nos enfrentamos a las noches de juerga sabiendo que la falta de entrenamiento hará que lo paguemos ya no el día, sino la semana siguiente.

Así que tú te crees que porque te veas joven y ni muerta quieras que se te asocie con nada que sugiera «mayor», todo el mundo te ve así. Pues no. La primera vez que entras en cualquier tienda y un jovencito se dirige a ti como «señora» se te cae el mundo a los pies. ¿Señora yo? ¡Jovenzana! ¡A mí no me fastidies!

Lo único que sirve para rejuvenecer inmediatamente es ir corriendo y sin mirar atrás a casa de tus padres. Da lo mismo los años que tengas, para tu madre siempre serás una niña. ¡Menos mal que alguien pone un poco cordura!

# ¿Quién eres tú y qué has hecho con mi hija?

«—Alegría, podríamos perdernos allí.
—Sé positiva.
—Bien, sé positivamente que te perderás allí».
Del Revés

La maternidad es totalmente cíclica. A momentos difíciles y de drama se suceden otros de tranquilidad y calma chicha. Tú, a ciertas alturas de la película, ya sabes que ésta es de naturaleza inestable y que acabarán pasando pero o los aprovechas cuando vienen o te vuelves loca. Hay momentos en los que por más que adores a tus hijos, que los adoras sin ninguna duda, los mandarías a paseo y te borrarías de madre. Porque no hay carnet, que en un calentón lo rompías haciéndote la interesante. Así que esos momentos en que tus hijos son monísimos, adorables, encantadores y achuchables hay que cogerlos al vuelo y olvidarse de que tienen fecha de caducidad.

Con los niños vivimos permanentemente intentando sobrellevar la tensión. Cuando son recién nacidos intentas sobrevivir a una situación complicada. Tu hijo llora y tú a veces no tienes ni la más remota idea de por qué ha mutado en muñeco diabólico. ¿Hambre? ¿Sueño? ¿Hambre y sueño? ¿Que quiere estar en brazos? ¿Que tiene un pedo o un eructo atragantado? Da igual lo que sea, todo es susceptible de ser un drama y encima te pilla yendo justita de sueño. Había pruebas de *Humor amarillo* más fáciles que ésta.

Además te dirán: «Todos los niños lloran». Sí, pero no todos tanto y al mismo volumen. Mi hija mayor fue una niña trampa, de esas que duermen cuando tienen que dormir, comen vorazmente y son todo sonrisas. Mi madre me había echado una maldición gitana y me había dicho que ojalá tuviera una hija como yo (o sea, una petarda integral), pero por lo visto sus maldiciones son de metabolismo lento y me llegó cuando nació la segunda.

Con mi segunda hija me gané mis galones de madre. La pequeña lloraba una media de 10 horas al día desconsoladamente, y no la calmaba nada salvo estar en el pecho. Ni siquiera servía llevarla en brazos (que la llevaba) porque lloraba igual. Estaba agotada, extenuada, y mentalmente destrozada, tanto que un día que conseguí dejarla media hora con alguien me bajé al bar de debajo de mi casa y acabé llorando en la barra contándole mis penas a la camarera como una borracha cualquiera. Como comprenderéis, cuando alguien con el mismo tacto que el papel de lija me decía «Bah, eres una exagerada, todos los bebés lloran», con mi mente le hacía cosas por las que hubiese salido en las noticias seguro.

Pero incluso esto pasa y esa criatura a la que un día en el que estaba más desesperada de la cuenta le grité en la calle «¡Satán sal de este cuerpo!», de repente se abrió como una crisálida y apareció una niña genial. Quien tuvo retuvo y esa naturaleza intensa, ese empecinamiento a prueba de bombas y esa necesidad de contacto físico siempre estarán ahí, pero en aquel momento descubrimos su sentido del humor, esa coña marinera que tiene y que la hace tan especial. Porque es muy graciosa, de un modo no pretendido, además. Algunas veces nos sorprendía riéndonos a carcajadas por alguna de sus salidas y nos miraba con cara de ¿pero yo qué he hecho?

Mis hijas no son especiales en ese sentido. En general, los momentos buenos y los malos se van sucediendo. Después de superar la etapa bebé, acaba por llegar la época de las rabietas y esa monada de niño que tú tenías y que te mataba de risa de repente está todo el día enfadado y te monta unos pollos de horror en los lugares más inoportunos. Y hombre, venirte bien, lo que se dice venirte bien, no te viene nunca, pero por la ley de Murphy sucederán cuando tú más cansada estés. Cuando estás relajada, zen y has hecho firme propósito de que nada te perturbe, entonces no sucede. En cambio, ese día que llegas fundida porque ha sido especialmente duro el trabajo, cuando vas al súper y te encuentras con esa persona que te cae fatal o cuando has acudido con tu familia política a la boda de esa prima tercera a la que no conoces de nada, ahí es cuando tu hijo decidirá portarse tremendamente mal. No falla.

La época de las rabietas es un horror, así, sin paliativos, sobre todo porque a lo bueno nos acostumbramos pronto. A un niño ideal, monísimo y encantador se hace una pronto, pero cuando las cosas vienen mal dadas encontrar la paz interior cuesta bastante más. Pero como todo, se pasa y viene otra época en la que tu hijo es otra vez una pocholada y te lo comerías a besos. Y así hasta la adolescencia.

Tú, cuando echas la vista atrás, piensas en lo condenadamente mal que lo pasaste cuando eras una madre zombi… Pues nada comparable a lo que te espera cuando tus hijos entran en los terribles años de la adolescencia. En mi caso, en casa ya pasamos la pre-preadolescencia y ahora estamos inmersos en la preadolescencia. Sólo os digo que me gustaría acostarme un día y levantarme cuando todo hubiese pasado. Por mi bien y por el suyo. Que yo no ando muy sobrada de paciencia y hay días en los que tengo que contar hasta cien porque llegar hasta diez no basta. A veces le digo que tiene una suerte inmensa de que no crea en la violencia… ¡Dios mío, dame paciencia porque como me des fuerza!

A veces me gustaría recordar más la mía para ponerme con más facilidad en sus zapatos. Pero los lugares de la infancia y adolescencia que recordamos son generalmente los mejores o los más dramáticos. Sí que recuerdo vagamente esa sensación de no estar bien nunca, de que todo, absolutamente todo sin excepción me molestara. Lo que ahora llamaría un comportamiento pasivo agresivo que básicamente en román paladino es… que no te aguantas ni tú. Como para que te aguanten los de al lado.

## Cosas que pueden molestar a un preadolescente:

— Que lo abraces o beses en público como has hecho hasta el momento.
— Que bailes (las madres NO BAILAN).
— Que cantes (las madres NO CANTAN).
— Que le hagas fotos.
— Que no se las hagas.
— Que le compres ropa (porque todo lo que le llevas es «un asco»).
— Que no le compres ropa (¿qué quieres, que vaya desnuda?).
— Que «todos» tengan móvil y él no. (Todos son cinco niños de su clase, el resto no).
— Que sus hermanos le dirijan la palabra o le toquen.
— Que respires el mismo aire que él.

La verdad es que a veces te preguntas si realmente lo que le molesta es que existas, sin más. Pero no es eso. Simplemente es que ellos no están a gusto con su cuerpo, que empieza a someterse a cambios, las relaciones personales y sociales son cada vez más complejas y están a medio camino de ningún sitio. No son definitivamente niños pequeños (y bien que te lo hacen saber) pero tampoco son adultos. La única diferencia entre preadolescentes y adolescentes es que los primeros, de vez en cuando, todavía sacan a pasear el niño que llevan dentro ahí escondido debajo de los gruñidos y todavía eres a veces un poco su ídolo. A veces. Un poco.

Para los niños es difícil este momento y familiarmente es un infierno porque su adolescencia os afecta a todos. Los hermanos pequeños a veces son el *punching ball* contra el que descargan su ira los mayores. Se supone que con ellos ganan y, como tienen mala leche para dar y regalar, se ensañan con los pequeños. Pero éstos son un hueso duro de roer. Han vivido toda la vida a la sombra de sus hermanos mayores y saben más que Lepe, Lepijo y su hijo. Si una cosa saben hacer es defenderse de los abusos de poder de los que les sacan unos años, eso sí, con sus armas. A veces, con indiferencia, algo que consigue sacar a los mayores de sus casillas. Otras veces, hartos como están de ser mangoneados, directamente a golpes. Y, mientras tanto, tú como madre te planteas si cortarte las venas o dejártelas largas.

Más allá de que la tensión se pueda cortar con un cuchillo en casa y eso sea un asco, para los padres no es sencillo asumir que su pequeño, su bebé, se está marchando para no volver. Duele. Por más que tú sepas que es ley de vida y que a ti te pasó antes. La vida es esto. Niños que crecen para convertirse en adultos. Tú creías que estabas mentalmente preparada para irte haciendo a un lado, que estabas educándolos para que se convirtiesen en mujeres y hombres de provecho. Dándoles alas. Herramientas para que sean unos adultos de provecho y no unos imbéciles integrales. Pero cuesta. ¡Cómo cuesta! Un día estás acariciando a tu bebé y cuando vuelves a abrir los ojos tienes a tu hijo lleno de pelo y hablando con una voz rara. Esa niña que se paseaba en bolas por el salón ahora tiene tetas y ni muerta te dejaría ver un centímetro de más de su piel. Tus hijos, los más guapos, los más adorables, los más graciosos, de repente están llenos de complejos y no ven lo guapos, hermosos y llenos de virtudes que están. Te dan ganas de cogerlos por los hombros y sacudirlos diciéndoles: «¡Pero mírate! ¡MÍRATE BIEN!».

Tú eres su madre y sabes ver más allá del gesto hosco, de la sonrisa que voló. Todavía ves a tu bebé bajo ese aspecto huraño, a aquel peque que te mataba de la risa. Y sabes que todo se pasa y que volverá a aparecer esa chispa que os enamoraba, convertida en otra cosa. En una incipiente mujer o en un futuro hombre y que sobreviviréis. Pero no sabes si estás preparada para que ciertas cosas no vuelvan.

Duele.

# La vida sin filtro

«—Dime algo bonito.
—Claro, ¿qué deseas oír?
—Miénteme y dime que me amas».
*Johnny Guitar*

Dice la sabiduría popular que los borrachos y los niños no mienten. Bueno, la verdad es que la sabiduría es un poco una «cuñada» de la vida: de todo sabe, de todo opina y no siempre tiene razón. Es verdad que cuando estás pasado de alcohol te desinhibes y hablas sin el filtro de la vergüenza, pero de ahí a que sólo digas verdades hay un trecho. En cuanto a los niños, eso de que no dicen mentiras, ¿de dónde ha salido? Por supuesto que dicen mentiras, las que no dicen son las que te interesan a ti. En cuanto a las que les interesan a ellos, ¡pues claro que las dicen! ¡Nos ha fastidiado! Es más, ¡pobre del que piense que no se la van a intentar colar!

Cuando son pequeños, los niños no entienden las ironías. A mí era algo que me resultaba particularmente divertido porque es algo que yo utilizo como recurso muchas veces, así que verles mirarte con cara de «pero ésta de qué me está hablando» era muy risible. Los niños pequeños no entienden de dobles sentidos, de sarcasmos... No lo hacen por fastidiar. Es que literalmente no lo entienden. También cuando son pequeños van descubriendo lo que es el sentido del humor. Algunos peques resultan especialmente divertidos precisamente porque no son conscientes de que hacen gracia. Hacen las cosas porque les salen, las situaciones cómicas no son forzadas. Pero hay un momento en que descubren que hacen gracia y ahí se fastidió el invento. Bajo mi punto de vista no hay nada más odioso que un niño que pretende hacer gracia y fuerza el chiste. Hay a quien le encanta, pero a mí personalmente es algo que me hace pensar en Herodes. Desde el cariño. Será que soy una siesa.

Conforme crecen, los niños van aprendiendo a mentir. Suelen ser trolas sin mucha maldad; a veces porque es divertido y otras veces porque se dan cuenta de que decir una mentira les salva el trasero. Al principio te cuesta pillarlas porque dices: «¡Mi peque! ¡Imposible que me mienta!». Ya, claro, animalica de Dios, imposible del todo. Permíteme que me ría. Pero cuando aceptas que sí, que esa cosa tan mona que te mira con los ojos de Gato de Shrek te la está colando totalmente les pillas rápido. No hace falta ser precisamente Sherlock Holmes para identificarla.

## *Signos de que te la está metiendo doblada:*

— No te mira a los ojos.
— Se muerde el labio.
— Cruza los brazos o se pone en posición defensiva.
— Titubea.
— Tartamudea.
— Se contradice.

Y vamos, cuando las evidencias le delatan; si es blanco, líquido, huele a leche y sabe a leche, es que ES leche. Si te jura que se ha lavado los dientes y el cepillo está más tieso que la mojama o lo ha hecho en un universo paralelo o está mintiendo como un bellaco. Esto es así.

Pero no nos llevemos las manos a la cabeza porque los niños nos mientan, amiguitos, porque los adultos, incluso cuando somos bastante íntegros en conjunto, trufamos nuestra vida de pequeñas mentiras sin importancia. Porque está claro, las nuestras no la tienen. Para nosotros, sin duda, mucha menos que las de los niños. ¡Dónde va a parar, que para eso son nuestras!

Los adultos dominamos el arte del «por omisión». Sabemos perfectamente cuándo hay que callarse. No contar las cosas si no te han preguntado es «chufa», no cuenta. Como cuando jugábamos a policías y ladrones y te rozaban justo cuando tocabas la pared: «Eh, ¡que eso no vale!». Si no lo cuentas, no es mentira. Se te ha ido la mano comprándole ropa a los niños en *outlets on line*... Pero nadie tiene por qué saberlo. Le has dado una chuche al niño antes de comer... pero si nadie se entera no pasa nada. Tu pediatra te da unas recomendaciones para la alimentación de tu hijo en las que no crees porque piensas que está poco actualizado... Pues lo miras y le sonríes pensando que luego harás lo que te venga en gana. En fin, este tipo de cosas por las que nadie se muere.

Conforme crecemos, vamos desarrollando un sensor de peligro. Hay cosas que sabemos que suponen meternos en un jardín y simplemente las obviamos. Es el sentido arácnido. Si hay que contarlo se cuenta pero contarlo para nada, es tontería. Pero los niños carecen por completo de él. Si les has comprado algo que su padre no debería saber porque sabes que él se lo va a quitar en cero coma en lugar de callarse y entrar sin hacer muchos aspavientos lo harán de manera que sólo les falta un neón y un megáfono para anunciarlo. Y tú piensas: «Dios mío, son tontas» (porque sí, son tus hijos, pero a veces lo piensas). «¡Es que no tienen talento!». Y no. Lo que no tienen es picardía ni edad para entender estas cosas.

No los culpéis. Los adultos somos muy contradictorios. Unas veces les decimos que mentir está fatal y tres minutos más tarde les echamos una mirada asesina cuando sueltan algo que era mejor que no contaran. Entonces, ¿en qué quedamos? ¿Mentir está bien o mal? Pues depende de lo que diga el adulto. Ejem.

Nota mental: enseñarles a mis hijas el significado de «lo que pasa en Las Vegas, se queda en Las Vegas». Por puro interés, vamos.

Los niños no conocen lo que son los filtros. No saben cuándo callarse y esto, a veces, nos pone en situaciones incómodas. Mi madre siempre cuenta que una vez mi yo de cinco años y el de mi amiga por aquel entonces nos metimos en mi ascensor. Y justo cuando estaba a punto de cerrarse la puerta se metió un señor con acondroplasia en él.

—¿Has visto que señor más pequeño? —me dijo mi amiga.

—¡Sí, es súper enano! —contesté yo.

—Aquí fue cuando mi madre empezó a pedir muy fuerte que se abriera el suelo y se nos tragara a todos.

—Fíjate, si es casi igual de alto que nosotras.

Mi pobre madre no hacía más que pensar en que nos esperaban doce pisos y que estábamos en dos metros cuadrados del ascensor más lento del mundo. Por lo general nos parecía que iba muy despacio pero aquel día su velocidad parecía desesperadamente lenta y que el espacio era más angosto que de costumbre.

—¡Mamá! ¡Me haces daño! ¿Por qué me pisas?

¿Y por qué me iba a pisar? ¡Para que hiciera el favor de callarme!

Los ascensores son en general uno de los peores sitios donde los niños pueden ponerse a hablar sin filtro porque tienes poco espacio para esconderte y no puedes huir.

—Mamá, aquí huele fatal. Huele a pedo MUCHO. ¿Te lo has echado tú? Mira que cuando comemos garbanzos luego te echas unos pedos horribles.

—... —Y no dejas de mirar a la vecina del quinto que no sabe si morirse del pestazo, que lo mismo es de ella porque nadie reivindica el pedo, morirse de la vergüenza o morirse de risa. Acaba con muerte seguro.

—Hoy hemos comido legumbre, ¿verdad? Es que huele como los tuyos...

Y tú, que por lo general eres presa de los miedos que tu madre te grabó a fuego y sabes que «en los ascensores no se salta porque se vienen abajo», tienes ganas de ponerte a dar brincos como si fueras una gimnasta de artística. La verdad es que esto de que los ascensores se caen no sé si tiene mucha base científica, pero yo se lo repito como un loro a mis hijas. Por si acaso.

Los niños además de no tener filtro tampoco tienen sentido de la oportunidad y siempre eligen el peor momento para soltar alguna inconveniencia. O eso, o que los adultos tenemos demasiado sentido del ridículo y de la corrección.

Cuando tienes hijos, uno de los lujos que no puedes permitirte es tener complejos o vergüenza. Con niños cerca nunca perderán la ocasión de hacértelos notar.

—Mamá, tienes las tetas gordas. Muy gordas.

En casa no nos escondemos para vestirnos y claro, nos han visto desnudos ochocientas mil veces. Pero esa mirada inquisitiva que te echan te hace sentirte tan desnuda como vulnerable. ¿Y qué les dices? ¿Que tus tetas siempre te han acomplejado? ¿Que preferirías tener menos? ¿Que no las tienes TAN gordas, cuando es obvio que es así? Así que sonríes, haces de tripas corazón y contestas:

—Sí, cariño, lo son.

¿Qué podrías decirle, si no? Sobre todo porque sabes que no lo dicen con mala leche sino con pura, simple y absoluta curiosidad. La mala leche vendrá más adelante. Que si hay algo que todos aprendemos pronto es a dar donde más duele.

—Ah, pues vale.

Y, cambiando la mirada de manera mecánica sigue jugando ajena a que te ha dejado sumida en la más absolutas de las miserias.

# El cambio de armario

«Mamá, no tengo nada que ponerme».
Cualquier casa, a estas horas

Cuando mayo llega a su fin comienza a sonar, aunque tú no lo oigas, un tictac que marca que el verano ya llegó (ya llegó, ya llegó). Las señales están ahí: el calorcito, que primero se muestra como días sueltos y después se instala para no marcharse. Su consecuencia: los abrigos se van arrinconando y en algún momento haciéndote la valiente decides hacer el (odioso) cambio de armario.

Cuando ves la tele y aparecen vestidores como el que le regala Big a Carrie Bradshaw no piensas en que ahí caben un montón de ropa, zapatos y bolsos, sino que con semejante cantidad de espacio no hay que andar metiendo y sacando ropa constantemente. Hacer el cambio de armario es totalmente proletario, algo que hacemos los mortales porque no nos da para tenerlo todo al alcance de la mano y es una de las tareas más ingratas que existen. Siempre hay cosas mejores que hacer con tu tiempo y nunca te viene bien. Es lo típico que vas dejando siempre para el final hasta que un día te encuentras que sólo tienes limpio ese vestido de lana merina que te compraste en las rebajas y están cayendo treinta y cinco grados. Ese día, aunque la perspectiva de deprimirte viendo si cabes o no en la ropa del verano pasado y de hincharte a hacer montones y cajas te mata, te tienes que poner sí o sí. Ya no existe la opción de escaquearte más.

Cuando eres madre, además, es que este rollo se multiplica y a veces tienes la sensación de pasarte la vida enfangada con la ropa de toda la familia. Porque ya no es tu armario, es también el de tus hijos. El tuyo siempre va al final y cuando ya estás hasta el infinito y más allá. Es como cuando plancho. Al principio me parece que un montón de cosas necesitan plancha, pero conforme me voy cansando cada vez encuentro motivos para ser más laxa. «Esta camiseta…, bueno, pues si la estiro así un poco lo mismo no le hace falta… Este vestido en realidad no está tan arrugado, así puede ir perfectamente». Pues con el cambio de armario es lo mismo, al principio todo es susceptible de prueba pero al final acabo pasando de todo.

Los armarios de los niños son el mal porque en ellos sí que hay mucho movimiento. Es por esta costumbre absurda que tienen de crecer. Además, con los años he descubierto que los niños no crecen a poquitos, como yo pensaba que pasaba, sino que van como a golpes. Una de mis hijas cuando va a crecer se tira un mes engordándose y poniéndose redondita y de repente un día ¡plop! ¡Ha crecido como una flor y todos los pantalones le quedan como si se hubiese ido a regar! Cuando son bebés crecen tanto que a veces una talla la dejan atrás en un mes. ¿Estamos locos o qué? Así que te tiras con ropa en los armarios de un montón de tamaños hasta que un día en que ya no sabes qué le vale y qué no decides que ahí hay que meterle mano o algún día se van a hacer fuertes las prendas en la cómoda ¡y a ver quién negocia luego con ellas! La primera infancia de tus hijos la vives en un continuo cambio de armario, pero es algo a lo que una no se acostumbra nunca.

Cuando tus hijos son mayores para ellos es, sorprendentemente, una fiesta. Mis hijas adoran probarse la ropa del año anterior para comprobar si las cosas les siguen valiendo. Es una alegría cuando por fin se quitan de en medio esa prenda que me juraron que se pondrían en un momento de enajenación mental transitoria en la tienda y que después no encontraban cuándo hacerlo, lo mismo que es un drama cuando tienen que decir adiós a cosas que les chiflaban. Es lo más parecido al ciclo de la vida que conocen.

En este mundo de luz y color en el que vivo yo, prometido, pensé que las discusiones por la ropa con los hijos llegaban en la adolescencia. Podéis reíros de mí, me lo tengo merecido. En casa debieron comenzar a eso de los dos o tres años. Con suerte. Y eso que no soy, ni mucho menos, una obsesa de la moda. En casa sólo hay dos normas a la hora de comprar ropa: una, que tiene que gustarnos a madre y a hija, tanto en estética como en presupuesto y dos, que lo que se compra, se pone. No puede ser que por no probarse la ropa, que les da perezón, se compren algo que luego descubran, cuando ya no tiene remedio, que no les gusta. Así que les recalco mucho que se lo piensen bien porque luego no hay vuelta atrás. Se lo tendrán que poner. Mucho o poco, pero nada de comprar cosas para que cojan polvo en el armario.

Por lo demás, son ellas las que deciden muchas cosas. Yo creo que la forma en que uno viste dice mucho de su personalidad, así que me creía tan guay, tan moderna y tan estupenda que pensaba que ir iguales suponía coartarlas. Así que como podían elegir, eligieron durante un tiempo ir vestidas con la misma ropa. Mi teoría de la libertad personal no contaba con eso... Pero claro, o me comía mis palabras o las dejaba, y eso me tocó hacer ¡con lo poco que me gustaba! También tuve que recortar derechos en cuanto a la libertad de decisión cuando eran más pequeñas porque si las posibilidades eran ilimitadas todavía estarían pensándoselo un lustro más tarde. Así que me convertí en una dictadorcilla de mi casa: las dejaba elegir, pero entre dos cosas. Así ellas se creían que estaban eligiendo, pero en el fondo la que había decidido era yo. Maquiavélica. Esa falsa sensación de libertad es un clásico en la historia del mundo.

El tema de la ropa de los niños podría dar para un tratado, pero me centraré en el hecho de que los dilemas en el vestir no son los mismos dependiendo de la edad de tus herederos.

## *Los problemas con el vestuario:*

Recién nacidos

— ¿Cómo vestirle si soy una novata de tomo y lomo?
— ¿Lo romperé?¿Se me caerá?
— ¿Cómo decías que se llama esta prenda?

Bebés

— ¿En serio ese *body* pasa por la cabeza?
— ¿Cómo diantres se viste a un niño que no para quieto ni un segundo?
— ¿De verdad tienen utilidad los zapatos para un niño que no camina? ¿Cómo diablos se consigue que no se quite los calcetines?

Niños

— Hazlo por mí, aguanta limpia al menos diez minutos. Al menos hasta salir por la puerta, venga, que tú puedes.
— No, no puedes ir vestido de superhéroe a la comunión de tu prima. Y, por favor, aunque Superman lleve los calzoncillos por fuera no quiere decir que tú también los tengas que llevar.
— Sandalias y calcetines salvo que seas un guiri y vivas en Mallorca no son una opción.
— Aunque ese vestido te encante hace demasiado frío / calor / no te vale.
— Hagas lo que hagas, ponte bragas.

Preadolescentes

— Ya sé que tú quieres que te compre esa camiseta pero vale un huevo y yo no soy el Banco de España (frase de madre con *copyright* que hay que usar sí o sí alguna vez en la vida, que si no te retiran el carnet).
— Los que ponen la talla de las ropas de niños son los mismos que ponen las tallas de mujer ¡y una es incapaz de saber

cuál es la que lleva! ¿Cómo es posible que una niña perfectamente normal de 10 años lleve una talla 14? ¡Con lo complicada que es!

— Hija, tiene que haber un punto medio entre ir vestida como una niña pequeña y como una buscona. ¡Tienes diez años, por el amor de Dios!

— Hijo, hay vida más allá del chándal.

En general, las mujeres nos complicamos mucho más la vida, pero de largo. Por supuesto que hay chicos presumidos lo mismo que hay chicas que pasan de todo, pero no me negaréis que las fanáticas del control por excelencia somos nosotras.

Mi santo tiene muchas virtudes pero la de preocuparse por la ropa no es una de ellas. Una vez me sacó a una hija mía a pasear en leotardos porque pensaba que eso eran pantalones. De combinar colores, ni hablamos. En cuanto mis hijas tuvieron un ligero uso de razón se elegían la ropa sólo para que no fuera él quien eligiera su modelito. Se partían de risa con las cosas que pretendía hacerles poner y las muy…, luego venían y me lo contaban para ponerlo en ridículo. Con tres años.

En todo caso, yo siempre me he negado a dejarle preparada la ropa para las niñas cuando le tocaba a él hacerse cargo. Con la sana intención de no irnos muriendo de sueño por la vida cuando eran muy pequeñas y tremendamente madrugadoras nos turnábamos y un día uno se levantaba mientras el otro dormía, y al día siguiente nos cambiábamos. Al menos un día a la semana podíamos dormir un poco más. Hasta las 9, ¡por lo menos! El caso es que esos días nunca le dejaba la ropa preparada. Lo suyo es que aprendan. «Pero es que los llevará hechos unos zorros porque mi marido no sabe combinar la ropa en absoluto». ¿Pues sabes qué? Ojos que no ven, corazón que no siente. Cierra la puerta y sigue durmiendo, que uno no se muere por ir descoordinado un día. ¡Lo primero es lo primero!

# Y se pasa volando

«¿Qué importan los años? Lo que realmente importa es comprobar que a fin de cuentas la mejor edad de la vida es estar vivo».
Mafalda

No hay cosa que dé más rabia que aquello que aborreces tenga razón. En mi caso, las frases hechas. Cuando era adolescente jugaba con mi madre a guerras de dichos en las que alguien decía uno y la otra le rebatía con otro refrán que decía exactamente lo contrario. Por ejemplo, «más vale poco y bueno que mucho y malo», que según nos interese puede convertirse fácilmente en «más vale tener que desear». Parecíamos políticos, manipulando el lenguaje para que dijera lo que nos convenía. Los refranes ahora están *demodé*. Lo que parte la pana en estos momentos son toda suerte de frases buenrollistas. Los aficionados a ellas están divididos, unos son más de Coelho, otros de Bucay y los hay que prefieren la simplicidad de las de *Mr. Wonderful*, que al menos queda más cuqui en los estados de Facebook. Y es que la alta filosofía es mucho más poderosa si viene escrita con letras caligráficas y decorada con florecitas.

Lo que ocurre es que, cursis o no, algo de verdad hay en todas estas cosas. Al final, si triunfan y se comparten es porque aluden a lugares comunes, sentires compartidos por mucha gente. Y por eso cuando te dicen que aproveches, que la maternidad se pasa volando piensas que es cierto que es una frase muy manida..., pero también que es profundamente verdad. Si parpadeas, te la pierdes. Un día estás agobiada porque tu hijo no te deja dormir, al siguiente va al colegio y de repente no sabes muy bien quién es ese extraño que se ha llenado de pelos y al que le salen gallos al hablar. ¿Dónde narices está mi chiquitín? ¡A mí que me lo devuelvan! El tiempo y sus extrañas maneras de estirarse. Los día a día se hacen eternos pero lo miras en global y te da la sensación de que diez años han pasado en un suspiro.

Por eso, aunque nos desesperemos, aunque a veces nos queramos borrar de madre cuando pongan a prueba nuestra paciencia, muertas de sueño, agobiadas..., hay que tratar de pensar que ese tiempo en el que tenemos a nuestros hijos prestados es muy breve. Aunque suene raro, dentro de unos años nos moriremos por algunas de las cosas que nos desquician en estos momentos, así que cuando se te pongan las cosa cuesta arriba hazte un Escarlata O'Hara y piénsalo mañana. ¡Que la vida son cuatro días!

# Agradecimientos

Llevo viendo la gala de los Oscar con mis amigas desde que tenía veinte años, en lo que es para mí uno de los días más especiales del año. En 2001, muy preocupados por la duración de la gala, prometieron un televisor a los que se ciñeran a los 30 segundos que habían asignado por ganador para agradecer su premio. Cuando Kevin Spacey anunció que el premio a la mejor actriz recaía en Julia Roberts por *Erin Brockovich*, lo primero que dijo al subir al escenario fue que ella «ya tenía televisión», o lo que es lo mismo, que no sabía si alguna vez iba a encontrarse en la misma tesitura y que iba a agradecérselo a todo el que considerara oportuno, sin importarle el tiempo.

Yo también tengo tele.

A los amigos con los que he compartido noches de Oscar e infinitas risas a lo largo de dos décadas. Mis amigos son muy dispares pero todos compartimos un idéntico sentido del humor que nos une. Sandra de Felipe, Mariangel Lalanza, Eva Octavio de Toledo, María Landa, Nieves Pueyo, Sonia Blasco, Ana Segura, Ana Pina, Antonio Pedrós e Íñigo Echániz: gracias a todos por tantos años. Y conste que no os lo dedico porque sepa que si no lo hago moriré joven, que también.

A Sofía Alonso. La conocí con trece años cuando se acercó a mí y me dijo: «Hola, soy Coco, y voy a explicaros la diferencia entre cerca y lejos. Cerca. Lejos». Desde entonces hemos compartido tantas cosas que necesitaría un libro entero para contarlas y, sobre todo, es posiblemente la persona después de mi madre que más se alegra por todo lo bueno que me pasa.

A las personas que creyeron que podía hacerlo. A Cristina Puig, que me presentó a Isabel Martí. A Isabel que encontró a Agustí Sobrequés. A Agustí, por ilusionarse conmigo. Gracias por haberme ayudado en este sueño (y aquí es donde me siento como una Miss y os digo lo que sé de Rusia: es un país maravilloso lleno de gente maravillosa).

A mis Pitucas. Porque me hacéis reír todos los días y teneros en mi vida es un gran lujo. ¡No sé qué haría sin vosotras! Clara Castro, María José Cayuela, Lourdes Picó, Beatriz Abellán, Martina Calzada, Mónica Chércoles, Gisela Soroka, Esther Béjar, María Sánchez, Marta Parra, Marta Garbajosa, M.ª Carmen y Susana Sanz. Lo que pasa en Las Vegas, se queda en Las Vegas y nunca saldrá de ahí la historia del conejo de Pascua.

A las personas con las que he trabajado codo con codo en distintos blogs. A Priscila Martínez, un regalo de la vida perdido y encontrado. Debimos conocernos en otra vida porque si no no me explico cómo supe desde el minuto cero que te iba a adorar. A Patricia Rodríguez, mi adorada editora en *Grazia*, por darme la oportunidad de escribir los artículos con los que más disfruto del mundo. A mis chicas de *Mujeres y Madres Magazine*, Let B. Díaz, María Fernández Manso, Natalia Martín, Pilar Martínez, María José Sarrión, María Jardón, Nuria Puig, Verónica Pérez-Caballero, Ruth de Rioja, Lydia Romano y, por supuesto, a mi debilidad, Patricia Tablado. Creo que te lo debo después de haberme prestado tu hombro en la mejor foto de perfil del mundo mundial.

A Violeta Rodríguez e Isabel Oli, *Tú a Madrid y yo a Zaragoza*, las dos fotógrafas que más guapa me sacan (y tiene su mérito y dice mucho de su profesionalidad). Será porque las dos me hacéis reír mucho.

A toda esa gente que me demuestra que la distancia no es olvido… sólo distancia. El 2.0. ha traído a mi vida a personas espectaculares a las que, cerca o lejos, considero amigas. A todo el equipo Natalia Chen, Marta Capella, Sylvia Santiváñez, Ale Villaverde, Mónica de la Fuente, Alba Martínez, Johannes Ruiz, Esther Castillo,

Diana Maján, Laura Baena y Marián García. A Cristina Barroso por ser una inspiración. A mis mamis de septiembre de 2006 que siempre creyeron en mí, especialmente a Marta González, Elena Carrillo, Manoli Pérez, Cristina Sáinz, Inés Banet y Ana Cano.

A Cristina Prieto, Mónica Anchelergues y Marian Cisterna, mi tribu bloguera zaragozana. A Susana Feringan, porque trabajar contigo fue genial, pero tenerte de amiga lo es más. A Lorena Gonzalvo, por ser así de generosa.

A mis amigos *zuleros* Mari Carmen Lozano, Begoña Díaz, Pablo Raso, Maribel Castells y Albert Catarina por introducir términos como *macizorrismo y pollugle* en mi vida y debatir conmigo sobre las cosas que realmente importan: ¿es mejor Michael Fassbender o Josh Holloway?

A todas las personas que alguna vez me han leído, a quienes se toman un tiempo en dejarme un mensaje en las redes sociales, a quienes se ríen conmigo. Gracias por hacer mi vida más feliz.

A la persona que me despidió por quedarme embarazada. Tener a mis hijas ha sido la mejor idea que he tenido nunca y jamás me he arrepentido de ello.

A mi familia. Sois muy especiales todos y me siento muy afortunada de teneros. A mis abuelos, que aunque no están siempre están. A mis padres, a los que quiero más todavía después de ser madre. Gracias por ser una inspiración y un modelo. Ojalá consiga hacerlo la mitad de bien que vosotros. A mi hermana Elsa y a mis cuñados Carlos, Beatriz y Javier (que son lo menos *cuñao* del mundo y la prueba de que la familia política a veces puede ser familia a secas). Gracias por hacerme sentir siempre vuestro apoyo y cariño.

Y, por supuesto, a José Miguel por lo fácil que es la vida a tu lado. Gracias por vivir tu vida riéndote conmigo y por haberme regalado a nuestras hijas. A Aldara y Mencía por habérmelo enseñado todo de mí y por quererme sin condiciones. Para mí es un privilegio veros crecer y convertiros en las mujeres fuertes, valientes y excelentes que sé que seréis. Es mérito vuestro.

# Índice

Esta edición del libro *Relaxing mum (of café con leche)*, de Sara Palacios Ramos, se acabó de imprimir el día 2 de marzo de 2017, ocho años después de que la autora conociera que estaba embarazada de su segunda hija, Mencía.